CADERNO do Futuro

A evolução do caderno

HISTÓRIA

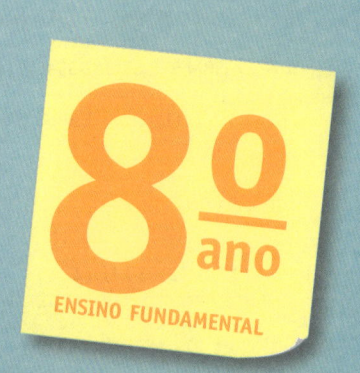

8º ano
ENSINO FUNDAMENTAL

3ª edição
São Paulo - 2013

IBEP

Coleção Caderno do Futuro
História
© IBEP, 2013

Diretor superintendente Jorge Yunes
Gerente editorial Célia de Assis
Editor Márcia Hipólide
Assistente editorial Érika Domingues do Nascimento

Revisão Maria Inez de Souza
Coordenadora de arte Karina Monteiro
Assistente de arte Marilia Vilela
Nane Carvalho
Carla Almeida Freire
Coordenadora de iconografia Maria do Céu Pires Passuello
Assistente de iconografia Adriana Neves
Wilson de Castilho
Produção gráfica José Antônio Ferraz
Assistente de produção gráfica Eliane M. M. Ferreira
Projeto gráfico Departamento Arte Ibep
Capa Departamento Arte Ibep
Editoração eletrônica N-Publicações

CIP-BRASIL. CATALOGAÇÃO-NA-FONTE
SINDICATO NACIONAL DOS EDITORES DE LIVROS, RJ

O76h
3.ed

Ordoñez, Marlene, 1941-
  História : 8º ano / Marlene Ordoñez. - 3. ed. - São Paulo :
IBEP, 2013.
  il. ; 28 cm   (Caderno do futuro)

  ISBN 978-85-342-3546-4 (aluno) - 978-85-342-3550-1 (mestre)

  1. História - Estudo e ensino (Ensino fundamental). I. Título.
II. Série.

12-8677.   CDD: 372.89
                                            CDU: 373.3.016:930

27.11.12   30.11.12   041056

Impressão - Gráfica Impress - Fevereiro 2018

3ª edição – São Paulo – 2013
Todos os direitos reservados.

IBEP

Av. Alexandre Mackenzie, 619 – Jaguaré
São Paulo – SP – 05322-000 – Brasil – Tel.: (11) 2799-7799
www.editoraibep.com.br editoras@ibep-nacional.com.br

SUMÁRIO

1. O PRIMEIRO REINADO 4

2. PERÍODO REGENCIAL 16

3. O SEGUNDO REINADO 28

4. A ECONOMIA NO SEGUNDO REINADO 40

5. DO TRABALHO ESCRAVO AO TRABALHO LIVRE 45

6. A CRISE DA MONARQUIA 52

7. A AMÉRICA NO SÉCULO XIX 58

8. A EUROPA NO SÉCULO XIX 67

9. O NOVO COLONIALISMO 73

10. A PRIMEIRA GUERRA MUNDIAL (1914-1918) 79

11. A REVOLUÇÃO RUSSA DE 1917 87

12. O PERÍODO ENTREGUERRAS 94

ESCOLA

NOME

PROFESSOR

HORA	SEGUNDA	TERÇA	QUARTA	QUINTA	SEXTA	SÁBADO

PROVAS E TRABALHOS

1. O Primeiro Reinado

O Primeiro Reinado durou de 7 de setembro de 1822 até 7 de abril de 1831.

Na tarde de 7 de setembro de 1822, ao voltar de Santos para a cidade de São Paulo, o príncipe regente dom Pedro, às margens do riacho do Ipiranga, declarou o Brasil oficialmente desligado de Portugal. Em 1º de dezembro, na capela imperial, em uma cerimônia privada, sem a participação popular, dom Pedro I foi coroado. O Brasil livre tinha como regime político a monarquia constitucional.

A declaração de Independência não foi um ato isolado de dom Pedro. O 7 de Setembro representou a concretização das aspirações da camada dominante no Brasil, a aristocracia rural, formada pelos grandes proprietários de terras e de escravos, principalmente do Rio de Janeiro, de São Paulo e de Minas Gerais.

A aristocracia rural desejava a independência, mas não apoiava transformações radicais, como a adoção do regime republicano e a abolição dos escravos. Assim, foi organizada a monarquia brasileira, garantindo os interesses da aristocracia: manutenção da unidade nacional, do escravismo e da grande propriedade. Esse regime perdurou até 15 de novembro de 1889, quando foi proclamada a República.

Para a maioria da população, afastada do processo político da Independência, praticamente nada mudou. A economia brasileira permaneceu com as mesmas características do período colonial: produção essencialmente agrária, voltada para o mercado externo.

1. Coloque **V** para verdadeiro e **F** para falso:

( ) Com a Independência do Brasil foi adotado o regime republicano como forma de governo.

( ) Chamamos de Primeiro Reinado o período que vai da Proclamação da Independência, em 1822, até a Proclamação da República, em 1889.

( ) A Independência do Brasil atendia aos interesses da classe dos grandes proprietários rurais.

( ) A Independência contou com intensa participação popular, por isso o povo estava representado no novo governo, que trouxe muitas mudanças para o Brasil.

( ) A Independência não alterou as características coloniais da economia brasileira.

2. No Primeiro Reinado, a economia brasileira continuou baseada em uma produção essencialmen-

te _____, voltada para o
_____.

3. Associe corretamente.

a) Dom Pedro I
b) Monarquia constitucional
c) República
d) Durou até 1831

( ) Primeiro reinado.
( ) Regime político adotado com a Independência.
( ) Regime político adotado em 1889.
( ) Primeiro imperador do Brasil.

> **A LUTA PELA INDEPENDÊNCIA**
> Os principais focos de resistência à Independência do Brasil foram Bahia, Maranhão, Piauí, Pará e Província Cisplatina. Para sufocar os revoltosos, dom Pedro I contratou oficiais estrangeiros para comandar o Exército. Eram eles: Lorde Cochrane, Taylor, Labatut e Greenfell. Com a vitória do governo imperial sobre esses focos de resistência, estava assegurada a integração territorial do Brasil.
>
> **A CRISE ECONÔMICO-FINANCEIRA**
> Os acordos assinados com a Inglaterra no governo de dom João prejudicavam o Brasil. Os gastos com a estruturação do Estado brasileiro foram enormes.

> Faltava um produto que sustentasse a economia. Em 1824, o governo contraiu novos empréstimos com os ingleses. A concorrência estrangeira de produtos manufaturados baratos impedia a indústria no Brasil. As exportações diminuíram, por causa de vários fatores:
> - O açúcar brasileiro havia perdido grande parte do mercado mundial.
> - O algodão sofrera concorrência da produção norte-americana.
> - O couro concorria com o da bacia Platina, especialmente da Argentina.
> - O tabaco decaiu com a diminuição do mercado de mão de obra (pressões da Inglaterra contra o tráfico negreiro).

4. Os principais focos de resistência à Independência do Brasil foram: _____, _____, _____, _____ e _____.

5. O que fez dom Pedro I para enfrentar as rebeliões contra a Independência do Brasil?

6. Cite o nome de oficiais estrangeiros que vieram ao Brasil comandar o Exército no período da Independência.

7. Com a vitória do governo imperial sobre os focos de resistência, estava assegurada a _____ do Brasil.

8. Por que o Brasil estava em crise econômica na época da Independência?

9. Assinale a alternativa que **NÃO** foi causa da diminuição das exportações no Primeiro Reinado:

( ) O açúcar havia perdido grande parte do mercado mundial.

( ) O algodão sofrera concorrência da produção norte-americana.

( ) O couro concorria com o da bacia Platina, especialmente da Argentina.

( ) O tabaco decaiu com a diminuição do mercado de mão de obra.

( ) Toda a produção do Brasil foi entregue a Portugal, em pagamento pelo reconhecimento da Independência.

O RECONHECIMENTO DA INDEPENDÊNCIA
Na Europa, a política da Santa Aliança (união entre países que desejavam restaurar as monarquias absolutistas) era contrária aos movimentos liberais e separatistas.
O primeiro país a reconhecer a

independência do Brasil foram os Estados Unidos, em 1824, aplicando a Doutrina Monroe, cujo princípio era "A América para os americanos". Isso significava que os Estados Unidos eram contrários à intervenção das potências europeias nos assuntos internos dos países americanos.

Portugal reconheceu a independência por pressão da Inglaterra, que desejava renovar seus privilégios no comércio brasileiro. Dom João VI exigiu uma indenização de 2 milhões de libras esterlinas e o título honorário de Imperador do Brasil.

Logo depois, a Inglaterra e os demais países europeus reconheceram a Independência do Brasil.

10. Qual foi o primeiro país a reconhecer a Independência do Brasil?

11. Qual era o princípio da Doutrina Monroe? O que isso significava?

12. Como Portugal acabou reconhecendo a Independência do Brasil? O que exigiu em troca?

A ASSEMBLEIA CONSTITUINTE

Em 3 de maio de 1823, foi instalada a Assembleia Constituinte, integrada por donos de terras e de escravos, advogados, o alto clero, militares e altos funcionários públicos. Sua finalidade era elaborar uma Constituição ou Carta Magna para o país.

Os deputados provinciais estavam divididos em dois grupos políticos: o português e o brasileiro.

Grupo português: defendia a soberania absoluta para dom Pedro I ("Absolutistas").

Grupo brasileiro: defendia uma soberania constitucional. Dominava a Assembleia, mas estava dividido em duas tendências: conservadora e liberal. Os conservadores, majoritários, grandes fazendeiros e comerciantes, defendiam um regime monárquico sem participação popular. Líderes: José Bonifácio de Andrada e Silva e seus irmãos, Martim Francisco e Antônio Carlos. Os liberais, ala radical, minoritária, segmentos da camada média urbana, pretendiam reformas profundas na estrutura política do Brasil, como a autonomia provincial. Destacavam-se os deputados Gonçalves Ledo e José Clemente Pereira.

13. Qual era a finalidade da Assembleia Constituinte de 1823?

14. Qual era a composição social da Assembleia Constituinte de 1823?

15. Havia dois grupos políticos atuando na Assembleia Constituinte de 1823:

16. O projeto de Constituição, elaborado pela Constituinte de 1823, ficou conhecido como _____.

17. Os irmãos Andrada combateram dom Pedro I por meio de dois jornais:

18. O que é voto censitário?

19. Explique o que foi a Noite da Agonia.

Projeto de Constituição (Constituição da Mandioca): Fortalecimento do poder legislativo, voto censitário (só poderia votar quem tivesse renda) e aversão aos estrangeiros.

Os irmãos Andrada x dom Pedro I: pediram demissão dos cargos que ocupavam no ministério e passaram à oposição, combatendo o imperador por meio de dois jornais: *Sentinela da Liberdade* e *O Tamoio*.

Dom Pedro I fechou a Assembleia Constituinte. As tropas do governo cercaram o prédio onde os constituintes, que se declararam em sessão permanente, estavam reunidos (11 para 12 de novembro – Noite da Agonia).

Foi criado um Conselho de Estado para redigir a Constituição que regeria a nação.

20. Depois que D. Pedro I fechou a Assembleia Constituinte, quem ficou incumbido de redigir a Constituição?

21. Assinale com um X o que for característica da Constituição de 1824:

( ) Foi promulgada, isto é, elaborada por uma Assembleia Constituinte.

( ) Foi outorgada, isto é, elaborada por um Conselho de Estado e imposta à nação.

( ) Apresentava apenas três poderes: o Legislativo, o Executivo e o Judiciário.

( ) Apresentava quatro poderes: o Legislativo, o Executivo, o Judiciário e o Moderador.

( ) Implantou a reforma agrária, isto é, distribuiu a terra da aristocracia rural para os camponeses pobres.

( ) Criou o voto universal, secreto e direto.

( ) Criou o voto indireto e censitário.

A CONSTITUIÇÃO OUTORGADA

Em 25 de março de 1824, dom Pedro I outorgou, isto é, impôs à nação a Constituição que foi elaborada por um Conselho de Estado (e não pela Assembleia Constituinte). Principais características:

- Monarquia Constitucional hereditária;
- A religião católica tornou-se a oficial, sendo permitido às outras religiões apenas o culto particular ou doméstico;
- Poderes: Moderador, exercido pelo imperador; Executivo, exercido pelo imperador e por seus ministros; Legislativo, exercido pela Câmara dos Deputados e pelo Senado; Judiciário, exercido por juízes e tribunais;
- Liberdade econômica e de iniciativa;
- Manutenção do direito de propriedade (a aristocracia rural teve assegurado seu patrimônio, adquirido nos tempos coloniais);
- Voto indireto e censitário, isto é, baseado na renda.

O império tornou-se um Estado centralizado, unitário e autoritário, preservando a unidade territorial e política do país.

A CONFEDERAÇÃO DO EQUADOR

Foi uma revolta ocorrida em Pernambuco contra o fechamento da Assembleia Constituinte e contra a destituição do governador de Pernambuco, Manuel Paes de Andrade, por dom Pedro I. Recebeu a adesão do Rio Grande do Norte, da Paraíba e do Ceará e adotaram a Constituição da Colômbia, que era liberal e republicana.

O coronel Francisco de Lima e Silva e o Lorde Cochrane comandaram as tropas imperiais que sufocaram o movimento. Paes de Andrade conseguiu refugiar-se em um navio inglês, e Frei Caneca, um dos líderes do movimento, foi condenado à morte.

A GUERRA DA CISPLATINA

Em 1825, Lavalleja e Rivera iniciaram uma guerra contra o Brasil, visando à independência da Província Cisplatina. Em 1828, o Brasil aceitou a independência da Cisplatina, que passou a se chamar República Oriental do Uruguai. Essa guerra provocou uma crise econômica no Brasil e aumentou o desprestígio do imperador.

22. O governo de dom Pedro I enfrentou duas guerras que aumentaram a crise econômica do país e o desprestígio do imperador. Que movimentos foram esses?

23. Associe corretamente.

a) Confederação do Equador
b) Guerra da Cisplatina
c) Frei Caneca
d) Francisco de Lima e Silva
e) República Oriental do Uruguai
f) Pernambuco

( ) Região onde ocorreu a Confederação do Equador.

( ) Separou-se do Brasil em 1825.

( ) Revolta contra os atos absolutistas de dom Pedro I. Recebeu adesão do Rio Grande do Norte, do Ceará e da Paraíba.

( ) Participou da luta a favor dos revoltosos e foi condenado à morte.

( ) Um dos comandantes das tropas imperiais que sufocaram a Confederação do Equador.

( ) Os revoltosos foram vitoriosos.

QUESTÃO DE SUCESSÃO NO TRONO DE PORTUGAL

Em 1826, morreu dom João VI, e dom Pedro I foi nomeado seu sucessor. Ele, porém, abdicou em favor de sua filha, dona Maria da Glória. Dom Miguel, irmão mais novo de dom Pedro I, iniciou uma luta em Portugal com a finalidade de tomar a Coroa.

Dom Pedro I passou a enviar dinheiro brasileiro para financiar a luta contra dom Miguel, o que descontentou os brasileiros.

As tropas imperiais colocaram-se ao lado do povo.

No dia 7 de abril de 1831, dom Pedro I abdicou em favor de seu filho, dom Pedro de Alcântara, então com apenas cinco anos de idade, e em seguida partiu para Portugal.

Enquanto dom Pedro de Alcântara era educado para ser o futuro imperador do Brasil, o país foi governado por regentes.

A ABDICAÇÃO

A impopularidade de dom Pedro I cresceu muito, por diversos motivos: assassinato do jornalista liberal Líbero Badaró, atribuído aos adeptos do governo, em São Paulo; Revolução Liberal de 1830, na França, com a deposição do rei francês Carlos X, fato explorado pelo jornalista Evaristo da Veiga, do jornal *Aurora Fluminense*, que comparava dom Pedro I com esse rei.

As viagens do imperador às províncias, na tentativa de acalmar os ânimos da população, fracassaram. Quando volta ao Rio de Janeiro, ocorre o conflito conhecido como **Noite das Garrafadas** (de 13 para 14 de março de 1831), confronto entre brasileiros e portugueses que queriam festejar o retorno de dom Pedro I.

No dia 5 de abril, dom Pedro I nomeou um ministério composto de seus adeptos, na maioria, portugueses. Foi chamado de Ministério dos Marqueses. O povo passou a exigir a volta do ministério popular demitido.

24. O que foi a questão da sucessão do trono português e qual sua consequência para o Brasil?

25. Ordene os fatos cronologicamente, usando os números de 1 a 5:

( ) As tropas imperiais se colocam ao lado do povo.

( ) Noite das Garrafadas.

( ) Abdicação do imperador.

( ) Ministério dos Marqueses.

( ) O rei Carlos X, da França, é decapitado.

26. Com a abdicação de dom Pedro I, quem passaria a governar o Brasil?

Revisão

1. Proclamada a Independência do Brasil, o regime de governo adotado foi a _____.

2. O Primeiro Reinado é o período que vai da _____, em 1822, até a _____, em 1831.

3. A Independência do Brasil atendia aos interesses de qual classe social?

4. Como se caracterizou a economia brasileira durante o Primeiro Reinado?

5. Quais foram as províncias onde houve resistência à Independência do Brasil?

6. Para enfrentar as rebeliões contra a Independência do Brasil, o governo imperial recorreu à ajuda de _____, contratados para _____.

7. Por que era tão importante a vitória do governo imperial sobre os focos de resistência à Independência do Brasil?

8. Quando se iniciou o Primeiro Reinado, o Brasil se encontrava em excelente condição econômica. Essa afirmativa está correta? Justifique.

9. Foi causa da diminuição das exportações de um produto no Primeiro Reinado:

( ) O açúcar se achava em expansão no mercado mundial.

( ) O algodão era produzido apenas no Brasil.

( ) O couro concorria com o da bacia Platina, especialmente da Argentina.

( ) O tabaco passou a ser produzido no Nordeste.

10. O primeiro país a reconhecer a Independência do Brasil foi:

( ) Inglaterra
( ) Espanha
( ) Portugal
( ) Estados Unidos

11. A frase "A América para os americanos" resume a principal ideia da _____, pela qual os Estados Unidos se colocavam contra a _____.

12. Para reconhecer a Independência do Brasil, Portugal exigiu:

( ) Uma indenização de 2 milhões de libras esterlinas.

( ) O título honorário de Imperador do Brasil para dom Pedro I.

( ) A entrega da Província Cisplatina.

( ) Não exigiu coisa alguma.

13. Proclamada a Independência do Brasil, foi convocada em 1823 uma _____, que deveria elaborar a _____. Essa Assembleia elaborou um projeto que ficou conhecido como a _____.

14. Os participantes da Assembleia Constituinte de 1823 eram:

( ) Representantes de escravos e alforriados.

( ) Representantes das classes populares, sem posses.

( ) Representantes dos donos de terras, advogados, o alto clero, militares e altos funcionários públicos.

( ) Apenas representantes de comerciantes portugueses.

15. Voto censitário pode ser definido como:

( ) Aquele em que todos os cidadãos podem votar, independentemente da renda.

( ) O voto exclusivo para pessoas que têm renda.

( ) O voto universal e secreto.

( ) O voto que não é secreto.

16. No Primeiro Reinado, a Noite da Agonia foi:

( ) A noite em que as tropas do governo de dom Pedro I cercaram o prédio da Assembleia Constituinte.

( ) A noite em que dom Pedro I faleceu.

( ) A noite em que dom Pedro I decidiu permanecer no Brasil.

( ) A noite em que morreu a mãe de dom Pedro I.

17. A Constituição de 1824, por não ter sido elaborada por uma Assembleia Constituinte, é chamada de Constituição _____.

18. A Constituição de 1824 estabeleceu quatro poderes: o _____, o _____, o _____ e o _____, que seria exercido exclusivamente pelo imperador.

19. Associe corretamente.

a) Confederação do Equador
b) Guerra da Cisplatina

( ) Guerra em que o Uruguai se tornou independente do Brasil.
( ) Um de seus líderes foi Frei Caneca.
( ) Movimento reprimido sob o comando de Francisco de Lima e Silva.
( ) Recebeu adesão de mais três províncias brasileiras.
( ) Ocorreu em Pernambuco.

20. Por que dom Pedro I abdicou do trono brasileiro?

Anotações

2. Período Regencial

Como dom Pedro de Alcântara era menor de idade, de acordo com a Constituição brasileira, o trono passou a ser ocupado por regentes, os quais deveriam governar até que o imperador completasse 18 anos.

O período regencial durou até a maioridade antecipada do imperador dom Pedro II, em 1840. Foi um período marcado por constantes lutas pelo poder político, uma série de revoltas populares e o perigo de fragmentação do país, pois algumas dessas revoltas propunham a separação das províncias.

1. Por que o Brasil foi governado por regentes, no período de 1831 a 1840?

2. O período regencial começou em 1831 e durou até _____, quando a _____ de dom Pedro II foi antecipada.

3. O que marcou o período regencial?

OS GRUPOS POLÍTICOS NO PERÍODO REGENCIAL

Logo após a saída de dom Pedro I do Brasil, a camada dominante, que participara ativamente do processo da abdicação, dividiu-se em diferentes grupos políticos.

- **Liberais moderados**: também conhecidos como chimangos. O grupo era formado pelos ricos proprietários de terras e de escravos e pelos grandes comerciantes, principalmente de Minas Gerais, São Paulo e Rio de Janeiro. Defendiam a ordem social e jurídica estabelecida pela Constituição. Os nomes de maior destaque foram: Bernardo Pereira de Vasconcelos, padre Diogo Antônio Feijó e Evaristo da Veiga, um dos redatores do jornal mais liberal da época, o *Aurora Fluminense*;

- **Liberais exaltados ou farroupilhas**: grupo composto pelos proprietários de terras das demais províncias, profissionais liberais e militares do baixo oficialato. Defendiam a federação, isto é, a efetiva autonomia das províncias, e as liberdades individuais. Alguns integrantes desse grupo, como Borges da Fonseca, Miguel Frias e Cipriano Barata, eram favoráveis à República;

- **Restauradores**: também chamados caramurus. O grupo era formado pelos comerciantes portugueses e pelo alto comando do Exército. Lutavam pela volta de dom Pedro I ao governo do Brasil. Eram liderados por José Bonifácio. Esse grupo desapareceu em 1834, com a morte do monarca.

4. Após a abdicação de dom Pedro I, formaram-se no Brasil três grupos políticos, que foram: _____ ou _____, _____ ou _____ e _____. Todos esses grupos faziam parte da camada _____.

5. O jornal considerado mais liberal dessa época chamava-se _____, e _____ era um dos seus redatores.

6. Associe corretamente.

a) Liberais moderados
b) Liberais exaltados
c) Restauradores

( ) Também conhecidos como farroupilhas.

( ) Formado por comerciantes portugueses e militares.

( ) Defendiam a Federação.

( ) Também chamados de caramurus.

( ) Também chamados de chimangos.

( ) Formado por ricos proprietários de terra que defendiam a ordem.

AS REGÊNCIAS TRINAS

Regência Trina Provisória (até junho de 1831): Francisco de Lima e Silva, Carneiro de Campos e Nicolau de Campos Vergueiro. Principais medidas:
- Readmissão do ministério deposto por dom Pedro I;
- Anistia (perdão) a todos os envolvidos em processos políticos;
- Demissão dos estrangeiros do Exército brasileiro;
- Determinação de que os regentes não poderiam exercer o Poder Moderador (exclusivo do imperador).

Regência Trina Permanente (1831-1835): Brigadeiro Francisco de Lima e Silva, deputados José da Costa Carvalho e João Bráulio Muniz. Principais medidas:
- O ministro da Justiça, padre Diogo Antônio Feijó, proibiu ajuntamentos noturnos em ruas e praças.
- Criação da **Guarda Nacional**, organização paramilitar, com civis da alta sociedade (que passavam a ser chamados de "coronéis"). Nomeados pelo poder central, eram, portanto, corporações particulares de cidadãos armados e fardados, que não faziam parte da polícia nem do Exército nacional. Objetivo: reprimir motins e levantes. Representava a política repressiva do governo.

- **Ato Adicional de 1834:** lei que decidiu que a capital do império, o Rio de Janeiro, tornava-se município neutro; a transformação da Regência Trina em Regência Una; manutenção da monarquia unitária, centralizada, e do Poder Moderador (manutenção da forma autoritária do Estado monárquico).

7. Associe corretamente.

a) Regência Trina Provisória
b) Regência Trina Permanente

( ) Criação da Guarda Nacional.

( ) A capital, Rio de Janeiro, tornou-se município neutro.

( ) O ministro da Justiça proibiu ajuntamentos noturnos em ruas e praças.

( ) Estrangeiros foram demitidos do Exército.

( ) Transformação da Regência Trina em Regência Una.

( ) Anistia a todos os envolvidos em processos políticos.

( ) Lei que decidiu manter a monarquia e o Poder Moderador.

( ) Decidiu que os regentes não podiam exercer o Poder Moderador.

8. No Brasil, o hábito de chamar os grandes proprietários de terra de "coronéis" veio da época das Regências, quando foi criada a Guarda Nacional, que era uma

9. Qual foi o objetivo da criação da Guarda Nacional?

10. Cite duas decisões do Ato Adicional de 1834.

REGÊNCIA UNA DE FEIJÓ (1835-1837)

Foi uma "experiência republicana": o chefe de governo era eleito periodicamente, por voto de província e por votação nacional.

- Feijó sufocou rebeliões e via nos pobres e nos escravos rebeldes inimigos poderosos da ordem nacional.
- Rebeliões: Cabanagem, no Pará, Farroupilha, no Rio Grande do Sul, Sabinada e Revolta dos Malês, na Bahia.
- Duas alas políticas: **progressista**, da qual fazia parte o regente, formada pelos liberais exaltados e por parte dos liberais moderados; **regressista**, integrada por liberais moderados e ex-restauradores.
- 1836: regressistas, contrários a Feijó no poder, fundaram o **Partido Conservador**.
- 1837: Feijó renunciou ao cargo de Regente.

- 1838: Feijó fundou o **Partido Liberal** para fazer oposição a Araújo Lima.
- Partido Liberal propõe a antecipação da maioridade de dom Pedro de Alcântara, a fim de manter a unidade nacional.

11. Por que afirmamos que a Regência Una foi uma "experiência republicana" no Brasil?

12. Quais as rebeliões que começaram no Brasil na época das Regências? Quais os locais onde ocorreram?

REGÊNCIA UNA DE PEDRO DE ARAÚJO LIMA (1837-1840)

Ministério das Capacidades: Bernardo Pereira de Vasconcelos, Miguel Calmon, Antônio Peregrino Maciel Monteiro, entre outros.

- Além das revoltas internas iniciadas no governo anterior, enfrentou mais uma rebelião, a Balaiada, no Maranhão.
- Fundação do colégio Dom Pedro II, no Rio de Janeiro.
- Criação do Instituto Histórico e Geográfico.

13. Na época das Regências Unas, a classe dominante dividiu-se em dois partidos políticos, o _____ e o _____. O Partido _____, para fazer oposição a Araújo Lima, que era do Partido _____, propôs a antecipação da _____ de dom Pedro de Alcântara.

REBELIÕES NO PERÍODO DAS REGÊNCIAS

Durante o período regencial, diversas rebeliões contestaram a forma autoritária do governo central. As rebeliões foram diferentes quanto aos objetivos propostos. Destacam-se:

A Cabanagem, a Revolta dos Malês, a Guerra dos Farrapos, a Balaiada e a Sabinada.

A CABANAGEM, PROVÍNCIA DO GRÃO-PARÁ, 1835-1840

Também conhecida como Revolta dos Cabanos, em razão da maciça participação de negros, índios e mestiços que trabalhavam na extração de produtos da floresta e moravam em cabanas à beira dos rios. Motivos do movimento: descontentamento dos fazendeiros e comerciantes da região com a nomeação do presidente da província pelo governo central; situação de miséria em que vivia a população paraense. Líderes: Pedro Vinagre, Eduardo Angelim. Em 1836, Feijó enviou uma poderosa força militar para a região. Os cabanos tiveram de deixar a capital e resistir no interior. A repressão foi violenta, deixando um saldo de 40 mil mortos. A revolta foi sufocada em 1840.

O cabano paraense, de Alfredo Norfini, 1940.

14. Explique a seguinte afirmação: "O período regencial é considerado um dos mais agitados da monarquia."

15. Quais as rebeliões que ocorreram no período das Regências?

16. Quais os fatores que deram origem à Revolta dos Cabanos?

> **A REVOLTA DOS MALÊS, BAHIA, 1835**
> Levante de escravos e ex-escravos negros organizado pelos "malês", como eram conhecidos os africanos de formação muçulmana, que falavam e escreviam em árabe. Planejavam libertar os escravos de Salvador e, posteriormente, do Recôncavo baiano. Queriam melhorar a situação dos negros alforriados, os "negros de ganho". Em menor número e com armamentos de qualidade inferior, foram massacrados pelas tropas do governo.

17. Quem participava da Cabanagem?

21. Onde ocorreu a Revolta dos Malês e quem foram os revoltosos?

18. Os cabanos tinham esse nome porque moravam à beira _____.

22. Quem eram os malês?

19. Quais os líderes da Cabanagem?

20. Como terminou a Revolta dos Cabanos?

23. Quais foram os objetivos da Revolta dos Malês?

24. O que aconteceu com os malês que se rebelaram?

> Em 1845, os farroupilhas foram derrotados por Caxias. Pela **Paz de Ponche Verde,** decidiu-se pela reintegração do Rio Grande do Sul ao Brasil, a indenização aos senhores de terras envolvidos no movimento e a libertação dos poucos escravos sobreviventes que participaram da guerra.

> **A GUERRA DOS FARRAPOS, RIO GRANDE DO SUL, 1835-1845**
>
> Foi a mais longa revolta do Período Regencial. Também chamada de Revolução Farroupilha.
>
> Desde o século XVIII, a pecuária era a base da economia do Rio Grande do Sul. No final desse século, teve início a produção de charque, com mão de obra do escravo negro, para abastecer o mercado interno brasileiro, sendo usado principalmente na alimentação dos escravos.
>
> A revolta foi provocada pelo descontentamento dos donos das fazendas de criação, charqueadores e exportadores, com a política do governo imperial, que diminuiu os impostos sobre a importação do charque uruguaio. Os proprietários de terras também eram contra a nomeação do presidente da província pelo governo imperial.
>
> A revolução teve duas fases: de início os revolucionários queriam apenas mais autonomia diante do governo. Mais tarde o movimento se tornou separatista, pretendendo transformar o Rio Grande do Sul num país independente.

25. Responda às perguntas sobre a Guerra dos Farrapos:

a) Qual a base da economia da província do Rio Grande?

b) Por que os estancieiros ficaram descontentes com a política do governo imperial?

c) A Guerra dos Farrapos teve duas fases. Quais foram elas?

22

A BALAIADA, MARANHÃO, 1838-1840

Revolução de caráter popular, liderada por Manoel dos Anjos Ferreira, fabricante de balaios (de onde vem o nome do movimento). Outros participantes: Raimundo Gomes e Cosme Bento das Chagas, chefe de um quilombo que reunia aproximadamente 3 mil negros fugitivos. O negro Cosme denominava-se "Tutor e Defensor das Liberdades Bem-Te-Vis" (bem-te-vis, nome derivado de um jornal que combatia o governo). Um dos motivos foi a crise na economia agrária do Maranhão, porque o algodão, principal riqueza, vinha sofrendo forte concorrência do produzido nos Estados Unidos, mais barato e de melhor qualidade.

A repressão foi comandada pelo coronel Luís Alves de Lima e Silva, que, por ter obtido a rendição de muitos rebeldes, recebeu o título de Barão de Caxias.

26. O que foi a Balaiada?

27. Luís Alves de Lima e Silva recebeu o título de _____ porque conseguiu derrotar a revolta chamada _____, que ocorreu no _____.

28. Cite um motivo da Balaiada.

A SABINADA, BAHIA, 1837-1838

Movimento liderado pelo médico Francisco Sabino da Rocha Viera, que em seu jornal, *Novo Diário da Bahia*, criticava o governo dos regentes e o presidente da província, convocando o povo a separar a Bahia de todo o Brasil e organizar uma república com caráter provisório, até a maioridade de dom Pedro de Alcântara.

Em 1838, tropas do governo central, com o apoio da aristocracia rural baiana, atacaram Salvador. Inúmeras casas foram incendiadas, muitos revoltosos foram queimados vivos e mais de mil pessoas morreram na luta.

29. O que pretendia a Sabinada?

( ) Ocorreu na Bahia e seu nome vem do grupo que a dirigia, que era de origem muçulmana.

( ) Ocorreu no Rio Grande do Sul e, em sua segunda fase, queria separar o Sul do resto do Brasil, proclamando lá uma república.

30. Quem liderou a Sabinada?

( ) Ocorreu na Bahia e seu nome vem do sobrenome de um dos seus líderes, um médico.

31. Como terminou a Sabinada?

( ) Ocorreu no Grão-Pará e seu nome vem da denominação dada à habitação da população pobre da região.

( ) Ocorreu no Maranhão e seu nome vem da profissão de um dos líderes, que era artesão.

Revisão

32. Associe corretamente.

a) Balaiada
b) Sabinada
c) Revolta dos Malês
d) Guerra dos Farrapos
e) Cabanagem

1. No período de 1831 a 1840, o Brasil foi governado por regentes. O que explica esse fato?

( ) Dom Pedro II renunciou ao trono e não tinha herdeiros diretos.

( ) Os partidos políticos tomaram o poder, estabelecendo uma República provisória.

( ) Dom Pedro de Alcântara era menor de idade e, de acordo com a Constituição brasileira, o trono deveria ser ocupado por regentes.

( ) Dom Pedro II, mesmo com 18 anos, ainda estava estudando na Europa.

2. Os partidos políticos que se destacaram no período regencial foram:

( ) liberais, conservadores e exaltados.

( ) monarquistas, republicanos e restauradores.

( ) liberais restauradores, liberais conservadores e monarquistas.

( ) liberais moderados, liberais exaltados e restauradores.

3. Quem foi Evaristo da Veiga?

4. Ordene corretamente a sequência de governos, usando os numerais de 1 a 4:

( ) Regência Una de Pedro de Araújo Lima.

( ) Regência Trina Provisória.

( ) Regência Trina Permanente.

( ) Regência Una do Padre Feijó.

5. Cite dois fatos ocorridos na Regência Trina Permanente.

a)

b)

6. Cite duas decisões do Ato Adicional de 1834.

a)

b)

7. Com a criação da Guarda Nacional, surgiu no Brasil o hábito de chamar o grande proprietário de terra de:

( ) Sinhozinho

( ) Coronel

( ) Patrão

( ) Camarada

8. A transformação do Rio de Janeiro em município neutro e a transformação da Regência Trina em Regência Una foram medidas tomadas:

( ) Pela Constituição da Mandioca, de 1823.

( ) Pela Constituição Imperial, de 1824.

( ) Pelo Ato Adicional, de 1834.

( ) Pelo decreto do novo imperador, em 1840.

9. Coloque F para falso e V para verdadeiro:

( ) As Regências Unas foram uma "experiência republicana" no Brasil, porque o chefe de governo era eleito periodicamente, por voto de província e por votação nacional.

( ) As Regências Trinas significaram a divisão territorial do Brasil em três centros de poder.

( ) As Regências Trinas foram um ensaio para a monarquia constitucional no Brasil.

( ) No período das Regências Unas, nasceram dois partidos políticos importantes: o Liberal e o Conservador.

10. Na época das Regências, ocorreram no Brasil as rebeliões:

( ) Guerra da Cisplatina e Confederação do Equador.

( ) Revolta dos Malês e Guerra dos Farrapos.

( ) Emboabas e Guerra dos Mascates.

( ) Guerra do Paraguai e Cabanagem.

11. Associe corretamente.

a) Balaiada
b) Sabinada
c) Revolta dos Malês
d) Guerra dos Farrapos
e) Cabanagem

( ) Pretendia melhores condições de vida para escravos e ex-escravos.

( ) Chegou a proclamar a República no sul do país.

( ) Um dos seus líderes era um médico, que pretendia instalar a República até a maioridade de dom Pedro II.

( ) Seus participantes moravam em casebres às margens dos rios.

( ) Um dos seus líderes se denominava "Protetor e Defensor das Liberdades Bem-Te-Vis".

3. O Segundo Reinado

Em 1840, a classe dominante, temerosa pelos movimentos revolucionários que estavam levando o país à fragmentação política, antecipou a maioridade de Pedro de Alcântara, que deveria governar a nação imediatamente.

Essa antecipação foi organizada pelo Partido Liberal, para derrotar os conservadores do governo Araújo Lima, e é chamada de **Golpe da Maioridade**.

Com o início do Segundo Reinado, a Balaiada e a Guerra dos Farrapos chegaram ao fim, mas dois novos movimentos começaram: a Revolta dos Liberais de 1842, em São Paulo e Minas Gerais, e a Revolução Praieira, em Pernambuco, em 1848 e 1849.

1. O que foi o Golpe da Maioridade?

2. Com o início do Segundo Reinado, duas rebeliões que vinham desde as Regências foram derrotadas: a _____ e a _____. Entretanto, dois outros movimentos começaram contra o governo: a _____, em _____ e em _____, e a _____, em Pernambuco.

REVOLTA DOS LIBERAIS DE 1842

Ocasionada pela disputa do poder político entre liberais e conservadores, nas províncias de São Paulo e Minas Gerais.

Os liberais, que compuseram o primeiro ministério de dom Pedro II, passaram a controlar a política brasileira, vencendo até mesmo as eleições para a Câmara, em 1842. O Partido Conservador alegou que houve fraude nessas eleições e exigiu do imperador a dissolução da Câmara. Quando o ministério liberal foi substituído por um conservador, os liberais se rebelaram em São Paulo e em Minas Gerais.

São Paulo: liderança do Brigadeiro Rafael Tobias de Aguiar e do padre Diogo Antônio Feijó. Apoio de Taubaté, Pindamonhangaba, Silveiras e Lorena. Derrotados pelas tropas do Exército, sob as ordens de Luís Alves de Lima e Silva, Barão de Caxias. O padre Feijó foi preso e Tobias de Aguiar, com alguns revolucionários, retirou-se para o Rio Grande do Sul.

Minas Gerais: liderança de Teófilo Otoni. Os liberais bloquearam a estrada que ligava Ouro Preto ao Rio de Janeiro, obtiveram algumas vitórias e dominaram Santa Bárbara, São João del Rey, Barbacena, Baependi, Diamantina, Araxá e Caeté. O movimento mineiro também foi dominado por Caxias, que derrotou os revoltosos em Santa Luzia.

5. Como terminou a Revolta dos Liberais de 1842?

3. O principal motivo da Revolta dos Liberais de 1842 foi:

( ) Antecipação da maioridade de dom Pedro II, que deu o poder aos conservadores.

( ) Fraude nas eleições em que os conservadores foram eleitos para o ministério.

( ) Interesse de dom Pedro II em afastar o padre Feijó da política nacional.

( ) Substituição do ministério liberal por outro, conservador.

4. A Revolta dos Liberais de 1842 ocorreu nas províncias de

A REVOLUÇÃO PRAIEIRA, PERNAMBUCO, 1848-1949

Movimento com programa definido, com participação popular e com a perspectiva de mudança social, contrária ao poder da camada latifundiária.

Havia grande poder local dos proprietários rurais, destacando-se a família Cavalcanti, que controlava o Partido Conservador, mas também participava do Liberal.

Em 1842, foi fundado o Partido da Praia, cujo nome derivava da localização do jornal *Diário Novo*, órgão de divulgação situado na rua da Praia. Participantes: Borges da Fonseca, Abreu de Lima, Inácio Bento de Loyola, Nunes Machado e Pedro Ivo.

Em 7 de novembro de 1848, começa a sublevação de forma espontânea em Olinda, que atinge a Zona da Mata. Pedro Ivo passou a comandar as forças militares dos pequenos arrendatários, boiadeiros, mascates, mulatos e negros. Em janeiro de 1849, com o documento *Manifesto ao Mundo*, os revolucionários exigem voto livre e universal, liberdade de imprensa, nacionalização do comércio e extinção do Poder Moderador.

Os principais líderes acabaram sendo presos. O fim da Revolução Praieira assinalou o desaparecimento dos últimos resquícios do liberalismo radical e democrático, iniciado durante o processo de Independência.

6. A Revolução Praieira recebeu esse nome porque o jornal _____, um dos porta-vozes do movimento, se localizava na _____, em Olinda, Pernambuco.

7. Coloque F para falso e V para verdadeiro:

( ) A Revolução Praieira foi um movimento dos grandes proprietários rurais em Pernambuco contra o governo de dom Pedro II.

( ) Os praieiros exigiam a manutenção do governo monárquico de dom Pedro II.

( ) A Revolução Praieira foi um movimento com grande participação popular.

( ) A Revolução Praieira, vitoriosa, conseguiu separar o Nordeste do Brasil.

( ) A Revolução Praieira foi derrotada pelas tropas imperiais comandadas por Caxias.

8. Em 1849, os rebeldes da Revolução Praieira publicaram um documento chamado _____, no qual exigiam voto _____, liberdade de _____, nacionalização _____ e extinção do Poder _____.

O PARLAMENTARISMO

Em 1847, foi criada a Presidência do Conselho de Ministros, dando início ao regime parlamentarista no Brasil. O poder mais forte era o Legislativo, que, além de elaborar as leis, fiscalizava o Executivo. No caso brasileiro, o imperador continuava a dar as decisões finais, pois, pela Constituição, ficava com o Poder Moderador. O presidente do Conselho dos Ministros ou primeiro-ministro era escolhido pelo imperador para ocupar o Poder Executivo.

O regime parlamentarista vigorou até 1889, com revezamento de gabinetes liberais e conservadores.

Ministério da Conciliação: governou de 1853 a 1858, formado por Honório Hermeto Carneiro Leão, reunindo liberais e conservadores. Houve construção de estradas de ferro, introdução da navegação a vapor, instalação de bancos, modernização do Rio de Janeiro, iluminação a gás etc.

9. Descreva o funcionamento do regime parlamentarista no Brasil, durante o Segundo Reinado.

10. Quais os dois partidos políticos que se revezaram no poder até a Proclamação da República? Como se chamou o ministério formado por elementos desses dois partidos?

A SITUAÇÃO DO PARAGUAI

Desde sua independência, em 1811, o Paraguai tinha autonomia econômica e política, até em relação à Inglaterra. No governo de Solano Lopes, a economia paraguaia não se enquadrava no modelo proposto pela Inglaterra. A balança comercial era sempre favorável. A moeda era forte e estável. Havia baixo índice de analfabetismo. Em 1864, bloqueado entre o Brasil e a Argentina, Solano Lopes iniciou uma política ofensiva com a finalidade de conseguir uma saída para o Atlântico.

11. O que foi a Guerra do Paraguai?

12. Como era a situação do Paraguai antes da guerra?

A GUERRA DO PARAGUAI

A Guerra do Paraguai, ou Guerra da Tríplice Aliança, foi o conflito de maior duração no continente latino-americano, de 1865 a 1870, que reuniu Brasil, Argentina e Uruguai contra o Paraguai.

13. O presidente Solano Lopes, do Paraguai, pretendia conseguir uma saída para _____, porque seu país estava bloqueado entre _____ e _____.

> **ANTECEDENTES: O BRASIL CONTRA O URUGUAI E A ARGENTINA**
>
> No Uruguai, logo após a Proclamação da Independência, formaram-se dois partidos políticos: **Blanco**, liderado por Oribe, com ideologia federalista; **Colorado,** defensor do unitarismo, cujo grande chefe era Rivera.
>
> O Partido Blanco estava ligado à política do ditador Rosas, da Argentina, enquanto o Colorado era aliado do Brasil e de uma facção argentina.
>
> Em 1830, Rivera foi eleito presidente, depois substituído por Oribe, líder dos blancos. Essa eleição provocou um conflito entre os adeptos dos dois partidos políticos. Oribe obteve apoio de Rosas e dos colorados.
>
> Como os argentinos disputavam com o Brasil a hegemonia da região do rio da Prata, seus interesses eram contrários aos dos brasileiros. Quando o blanco Oribe assumiu o poder, o ditador argentino Rosas apoiou-o. O Brasil aliou-se a Urquiza, presidente das províncias argentinas de Corrientes e Entre-Rios e inimigo de Rosas.
>
> Caxias invadiu o Uruguai e depôs Oribe e, em seguida, atacou a Argentina. A batalha decisiva travou-se em 1852, em Monte Caseros, onde o ditador Rosas foi derrotado.
>
> Em 1864, subiu ao poder no Uruguai o blanco Aguirre. Dom Pedro II apoiou o colorado Venâncio Flores e, de novo, ordenou a invasão do Uruguai. O general brasileiro Mena Barreto efetuou o ataque por terra e o almirante Tamandaré comandou a esquadra aliada. Um ano depois, o governo de Aguirre se rendeu e Flores foi colocado no poder.
>
> Solano Lopes, do Paraguai, rompeu relações com o Brasil, principalmente porque tinha com Aguirre um acordo de defesa mútua. Ocupou o Mato Grosso e as províncias argentinas de Corrientes e Entre-Rios, para garantir as comunicações até Corumbá, abastecer-se de gado e manter relações com a Bolívia, que, nessa época, tinha saída para o mar. As províncias argentinas foram ocupadas para permitir a passagem dos soldados paraguaios rumo ao Uruguai, onde se uniriam ao exército blanco.

14. No Uruguai, logo após a Proclamação da Independência, formaram-se dois partidos políticos: _____, liderado por _____, com ideologia _____, e _____, defensor do _____, cujo grande chefe era _____.

15. Marque F para falso e V para verdadeiro:

( ) O Partido Blanco do Uruguai estava ligado à política do ditador Rosas, da Argentina.

( ) O Partido Colorado do Uruguai era aliado do Brasil e de uma facção argentina.

( ) As disputas políticas entre blancos e colorados no Uruguai foram resolvidas sem nenhuma intervenção estrangeira.

( ) Na batalha de Monte Caseros, o ditador Rosas, da Argentina, foi derrotado por tropas brasileiras.

16. Nos conflitos com o Uruguai, destacou-se do lado brasileiro o comando de:

( ) Venâncio Flores

( ) Mena Barreto

( ) Aguirre

( ) Oribe

17. Em virtude da intervenção do Brasil no Uruguai, Solano Lopes:

( ) Apoiou o Brasil e também declarou guerra aos uruguaios.

( ) Rompeu relações com a Argentina, principalmente porque esta era inimiga do Brasil.

( ) Ocupou o Mato Grosso e as províncias argentinas de Corrientes e Entre-Rios.

( ) Todas as alternativas anteriores estão corretas.

18. Em maio de 1865, o Brasil, a Argentina e o Uruguai formaram a _____ para combater o _____.

OS ANOS DA GUERRA
Em maio de 1865, o Brasil, a Argentina e o Uruguai formaram a **Tríplice Aliança** para combater o Paraguai. Receberam apoio da Inglaterra, que via no Paraguai um país autossuficiente, um mau exemplo para os demais países latino-americanos.

Formação do Exército brasileiro.
Em 1865, o governo faz campanha e surgem os **Voluntários da Pátria**, batalhões formados por jovens patriotas, pertencentes à elite, em sua maioria estudantes de faculdades de direito, desejosos de prestígio. Em seguida, ocorre o recrutamento forçado: jovens filhos e parentes dos fazendeiros eram obrigados a ir para a guerra ou, então, a enviar escravos em seu lugar,

os quais lutariam e se tornariam livres, após o conflito.

Batalha do Riachuelo: junho de 1865, no rio Paraná. Vitória dos aliados, comandados pelo almirante Barroso.

Batalhas de **Tuiuti** e do **Passo da Pátria**: derrotas dos paraguaios, mas também retirada das tropas brasileiras da província do Mato Grosso (**Retirada da Laguna**, 1867).

Vitórias da Tríplice Aliança, sob comando de Caxias: **Avaí**, **Itororó**, **Lomas Valentinas** e **Angostura**.

Em janeiro de 1869, os aliados ocuparam Assunção.

Solano Lopes é perseguido até as Cordilheiras.

Em março de 1870, batalha de **Cerro Corá**. O líder Solano Lopes foi morto, terminando a guerra. O armistício entre Brasil e Paraguai foi assinado em 1872.

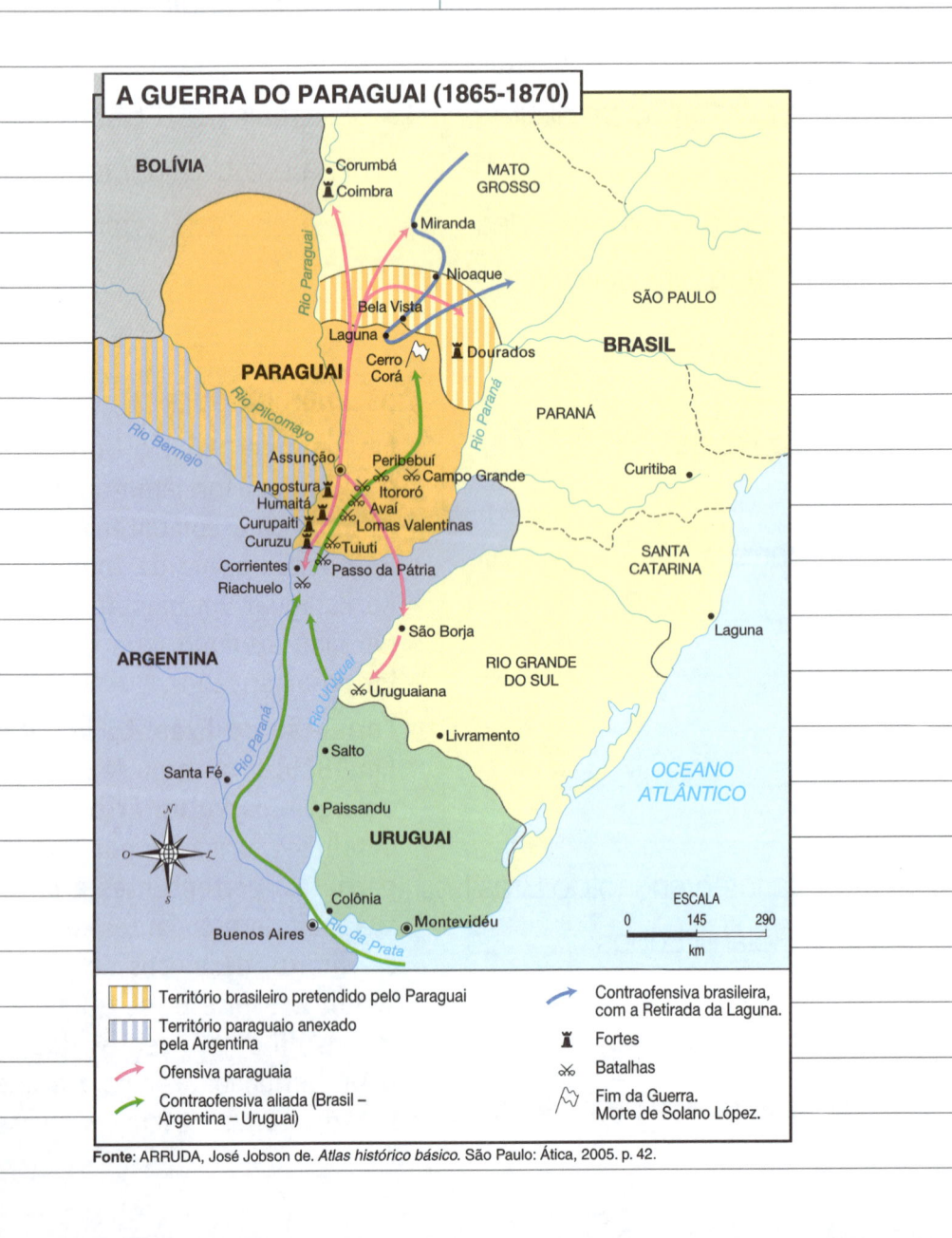

A GUERRA DO PARAGUAI (1865-1870)

Fonte: ARRUDA, José Jobson de. *Atlas histórico básico*. São Paulo: Ática, 2005. p. 42.

DECORRÊNCIAS DA GUERRA

O Paraguai ficou totalmente arruinado, com pouco mais de 50% de sua população e uma enorme dívida de guerra.

A Argentina conquistou a hegemonia na bacia platina.

Crise econômico-financeira no império brasileiro leva a novos empréstimos da Inglaterra, aumentando a dependência da economia brasileira ao capital inglês.

O Exército brasileiro fortaleceu-se e profissionalizou-se, o que acarretou sérias questões políticas à monarquia.

Militares e escravos alforriados durante a guerra passaram a criticar duramente a permanência da escravidão no Brasil.

19. Coloque **F** para falso e **V** para verdadeiro:

( ) Um dos acontecimentos marcantes do Segundo Reinado foi o envolvimento do Brasil na Guerra do Paraguai.

( ) O Brasil nunca interferiu na política interna dos países da região do rio da Prata.

( ) Antes da Guerra do Paraguai, o Brasil se envolveu com a política interna do Uruguai e da Argentina.

( ) Depois de ter invadido o Uruguai e a Argentina, o Brasil acabou se aliando a esses países contra o Paraguai.

( ) A Tríplice Aliança foi formada por Argentina, Uruguai e Paraguai contra o Brasil.

20. Nas guerras em que o Brasil se envolveu na região do rio da Prata, destacou-se o comando de _____, que venceu o argentino Rosas na batalha de _____.

21. O país europeu que apoiou a ação do Brasil contra o Paraguai foi a _____, porque _____.

22. Para formar o exército que lutaria no Paraguai, o governo brasileiro fez uma campanha, e surgiram os batalhões chamados _____, formados por _____.

23. Quais foram as consequências da Guerra do Paraguai?

a)

b)

c)

d)

e)

Revisão

1. Com o início do Segundo Reinado, duas rebeliões que vinham desde as Regências foram derrotadas:

( ) A Balaiada e a Guerra dos Farrapos.

( ) A Revolta dos Liberais e a Revolução Praieira.

( ) A Guerra do Paraguai e a Revolta dos Malês.

( ) A Sabinada e a Cabanagem.

2. A Revolta dos Liberais de 1842 ocorreu:

( ) Em São Paulo e Mato Grosso.

( ) Em Minas Gerais e São Paulo.

( ) Em Pernambuco e na Bahia.

( ) No Rio Grande do Sul e no Grão-Pará.

3. Entre os motivos da Revolta dos Liberais de 1842, podemos citar a substituição do ministério _____ por outro, _____.

4. A Revolução Praieira, em Pernambuco, recebeu esse nome porque:

( ) Ocorreu na praia.

( ) O jornal *Diário Novo*, um dos porta-vozes do movimento, localizava-se na rua da Praia.

( ) Os participantes moravam em casebres nas praias.

( ) O principal jornal do movimento se chamava *Praieiro*.

5. A Revolução Praieira foi um movimento com grande participação _____. Entretanto, a rebelião foi _____ pelas tropas imperiais comandadas por _____.

6. Por que afirmamos que o regime parlamentarista no Brasil, durante o Segundo Reinado, não seguia o modelo tradicional?

7. Ministério da Conciliação foi um ministério formado:

( ) Pelo Partido Liberal e pelo Partido Conservador.

( ) Apenas pelo Partido Liberal.

( ) Apenas pelo Partido Conservador.

( ) Sem a presença de partidos, apenas por militares.

8. O conflito de maior duração no continente latino-americano, durante o século XIX, em que o Brasil se envolveu, foi:

( ) A Guerra do Chaco.

( ) A Guerra da Cisplatina.

( ) A Guerra da Bolívia.

( ) A Guerra do Paraguai.

9. Na região do rio da Prata, o Paraguai se diferenciava dos outros países porque:

( ) Era muito pobre e sua economia dependia da Inglaterra.

( ) Quase a totalidade da população era analfabeta.

( ) Enfrentava constante desvalorização da moeda.

( ) Possuía uma moeda estável, e havia baixo índice de analfabetismo.

10. Uma das intenções do presidente Solano Lopes, do Paraguai, era:

( ) Conquistar o Brasil.

( ) Anexar o Uruguai.

( ) Conseguir uma saída para o oceano Atlântico.

( ) Aliar-se ao Brasil contra a Argentina.

11. A Tríplice Aliança foi formada por _____, _____ e _____ contra o _____.

12. O país europeu que apoiou a ação do Brasil contra o Paraguai, porque a política econômica deste país era contrária a seus interesses, foi:

( ) Espanha
( ) França
( ) Inglaterra
( ) Portugal

13. O que eram os Voluntários da Pátria?

14. NÃO foi consequência da Guerra do Paraguai:

( ) O Paraguai ficou totalmente arruinado, com pouco mais de 50% de sua população e uma enorme dívida de guerra.

( ) Por ter vencido a guerra, o Brasil deixou de depender do capital inglês.

( ) Crise econômico-financeira no império brasileiro.

( ) O Exército brasileiro fortaleceu-se e profissionalizou-se, o que acarretou sérias questões políticas à monarquia.

( ) Militares e escravos alforriados durante a guerra passaram a criticar duramente a permanência da escravidão no Brasil.

Anotações

4. A economia no Segundo Reinado

A ECONOMIA CAFEEIRA

Durante a segunda metade do século XIX, o café sustentou a economia brasileira. Originário da Abissínia (atual Etiópia), foi trazido no século XVIII pelos franceses para a Guiana Francesa e, em 1727, introduzido por Francisco de Melo Palheta nas regiões próximas a Belém do Pará. Em 1761, João Alberto Castelo Branco levou algumas sementes para o Rio de Janeiro, onde o produto se desenvolveu graças à mão de obra abundante, facilidades de transporte e proximidade do porto.

Do Rio de Janeiro, a lavoura cafeeira espalhou-se para províncias vizinhas, através do Vale do Paraíba e, em alguns anos, o Brasil tornou-se o maior produtor mundial.

De início, manteve-se a estrutura colonial de produção: mão de obra escrava, latifúndio e monocultura, atendendo ao modelo econômico agrário-exportador.

No fim do Período Monárquico, a terra roxa e a mão de obra dos imigrantes tornaram São Paulo o grande produtor nacional de café principalmente com a produção na região do Oeste Paulista. A acumulação de capital aí gerada favoreceu o desenvolvimento industrial paulista.

1. A economia brasileira na segunda metade do século XIX foi sustentada principalmente pela produção de _____, planta originária da _____ e introduzida inicialmente na Guiana _____.

2. Marque a alternativa correta. O caminho do café no Brasil foi o seguinte:

( ) Rio de Janeiro, Pará, Oeste Paulista, Vale do Paraíba.

( ) Pará, Oeste Paulista, Vale do Paraíba, Rio de Janeiro.

( ) Pará, Rio de Janeiro, Vale do Paraíba, Oeste Paulista.

( ) Rio de Janeiro, Oeste Paulista, Vale do Paraíba, Pará.

3. De início, a produção do café baseava-se na mão de obra _____. Depois, foi usada a mão de obra _____.

4. Qual foi o estado que mais produziu café no Segundo Reinado?

5. Foi com o capital gerado pelo café que começou no Brasil a _____.

6. Por que a produção cafeeira do Vale do Paraíba e da Baixada Fluminense entrou em decadência a partir de 1870?

> **O CAFÉ NA DÉCADA DE 1870**
> **Declínio das áreas fluminense e vale-paraibana:** em razão da escassez de terras próprias para o cultivo do café, da má distribuição dos cafeeiros, do acelerado esgotamento das reservas naturais e da utilização de tecnologia rudimentar, tanto no preparo da terra, quanto no beneficiamento do produto, e o fim do tráfico negreiro, em 1850, também influenciou o declínio da produção na região.
> **Ascensão do Oeste Paulista:** condições geoclimáticas favoráveis (terra roxa), topografia pouco acidentada, técnicas mais sofisticadas no plantio e beneficiamento do produto, mão de obra livre, dos imigrantes italianos, o que reduziu o custo de produção e aumentou a produtividade.

7. Por que a região do Oeste Paulista se tornou o grande centro da produção cafeeira a partir de 1870?

> **O CAFÉ PROVOCOU VÁRIAS TRANSFORMAÇÕES NO BRASIL:**
> - a implantação e o desenvolvimento do sistema ferroviário;
> - as atividades industriais de máquinas de beneficiamento de café e sacaria, além do incentivo à indústria têxtil;
> - o crescimento e o surgimento de diversas cidades;
> - a dinamização do comércio de importação e exportação e do sistema bancário;
> - a introdução do trabalhador livre e assalariado depois da extinção do tráfico negreiro, em 1850.

8. Cite três transformações ocorridas no Brasil em virtude da economia cafeeira:

9. Marque com X os fatores que favoreceram o aparecimento de indústrias no Brasil na segunda metade do século XIX:

( ) Capitais liberados com a extinção do tráfico de escravos.

( ) Capitais acumulados com as exportações de café.

( ) Investimento dos estrangeiros, principalmente ingleses.

( ) Tarifas alfandegárias muito baixas, criadas pelo ministro da Fazenda, Alves Branco.

( ) Tarifas alfandegárias mais altas, criadas pelo ministro da Fazenda, Alves Branco.

10. Quem se destacou no desenvolvimento industrial do Segundo Reinado? Cite algumas de suas realizações.

A INDÚSTRIA BRASILEIRA

Em meados do século XIX, alguns fatores favoreceram o aparecimento de indústrias no Brasil. Os capitais liberados com a extinção do tráfico de escravos e acumulados com as exportações de café foram aplicados em atividades industriais. Além disso, em 1844, o ministro da Fazenda, Alves Branco, elevou as tarifas alfandegárias sobre as importações, protegendo a indústria nacional.

No desenvolvimento industrial da época, destacou-se Irineu Evangelista de Sousa, Barão e Visconde de Mauá. Algumas de suas realizações: a construção da Estrada de Ferro Mauá, ligando o Rio de Janeiro à raiz da serra de Petrópolis; a construção do estaleiro de Ponta de Areia, em Niterói; a organização da Companhia de Navegação do Rio Amazonas; a introdução da iluminação a gás no Rio de Janeiro; também colaborou para a instalação do telégrafo submarino ligando o Brasil à Europa.

Revisão

1. A economia brasileira na segunda metade do século XIX foi sustentada principalmente pela produção de:

( ) Algodão.   ( ) Ouro.
( ) Açúcar.   ( ) Café.

2. O café seguiu esta rota no Brasil: foi introduzido no _____, depois levado para _____ e o _____ e finalmente atingiu a região do _____.

3. Enquanto no Vale do Paraíba a produção do café se baseava na mão de obra _____, na região do Oeste Paulista foi introduzida a mão de obra _____ dos _____.

4. Uma decorrência da economia cafeeira no Brasil foi:

( ) O início da imigração italiana.

( ) O início da industrialização.

( ) A abertura de ferrovias.

( ) Todas as alternativas anteriores.

5. A produção de café no Rio de Janeiro e no Vale do Paraíba entrou em crise, entre outros motivos, porque:

( ) Os imigrantes italianos não se adaptaram à cultura cafeeira.

( ) A tecnologia era rudimentar e o solo estava esgotado.

( ) Com o fim do tráfico negreiro, os cafeicultores venderam seus escravos ao Oeste Paulista.

( ) O sistema de parceria implantado nessas regiões não deu certo.

6. A região do Oeste Paulista se tornou o grande centro da produção cafeeira a partir de 1870, porque apresentava técnicas mais .... no plantio e no beneficiamento do produto, além do solo próprio, constituído pela chamada ....

7. Em 1844, o ministro da Fazenda, Alves Branco, elevou as tarifas alfandegárias sobre as importações. Essa medida:

( ) Levou a produção cafeeira a uma crise.

( ) Encareceu o preço dos escravos, porque eles vinham da África.

( ) Permitiu a entrada no Brasil, em grande quantidade, de produtos manufaturados ingleses.

( ) Favoreceu o início da indústria nacional.

8. Para o início da industrialização no Brasil, era preciso investir muito capital. De onde veio esse capital?

9. Quem foi Irineu Evangelista de Sousa?

10. Irineu Evangelista de Sousa foi responsável por ter criado no Brasil:

5. Do trabalho escravo ao trabalho livre

De 1850 a 1888, a extinção do escravismo foi lenta e gradual, isto é, não foi feita de uma só vez, mas por meio de diversas leis que buscavam mais adiar o fim da escravidão do que extingui-la.

A partir de 1888, os ex-escravos foram vender a sua força de trabalho no mercado livre e em condições desiguais.

A EXTINÇÃO DO TRÁFICO NEGREIRO

Desde 1810, a Inglaterra pressionava o Brasil para que acabasse com o tráfico de escravos. Em 1845, o Parlamento inglês votou o **Bill Aberdeen**, lei que autorizava a marinha inglesa a aprisionar navios negreiros e julgar os traficantes em um tribunal inglês.

Em 1850, a **Lei Eusébio de Queirós** proibiu o tráfico de negros africanos para o Brasil e estabeleceu severas penas a quem a desrespeitasse. Acentuou-se o tráfico interprovincial entre o Sul e o Nordeste. Como não entravam mais africanos no país, o preço do escravo subiu assustadoramente.

1. A abolição da escravatura no Brasil não foi feita de uma só vez. O que isso quer dizer?

2. Qual o motivo de não ser feita a abolição da escravatura de uma só vez?

3. Que país pressionava o Brasil para acabar com o comércio de escravos africanos?

4. O que decidia a lei inglesa conhecida como *Bill Aberdeen*?

5. O que decidiu a Lei Eusébio de Queirós, de 1850?

A EMANCIPAÇÃO LENTA E GRADUAL

Nas décadas de 1870 e 1880, cresceu a campanha abolicionista promovida por fazendeiros do Oeste Paulista, a classe média (que queria o livre acesso aos empregos públicos) e os intelectuais.

Fatores que favoreceram a campanha:

- Posicionamento do Exército (vitorioso da Guerra do Paraguai) de não mais caçar negros fugitivos.
- Pressão internacional sobre o governo brasileiro, o único a manter a escravidão em 1870.
- Em 1871, a **Lei Rio Branco** ou **Lei do Ventre Livre** foi uma tentativa do governo de impedir o crescimento do movimento abolicionista. Essa lei concedeu liberdade para os filhos de escravos a partir daquela data, mas o senhor tinha a obrigação de criá-los até os 8 anos de idade, podendo usar seu trabalho depois disso, até os 21 anos, como pagamento, ou receber uma expressiva indenização do Estado pela liberdade concedida.
- Em 1880, foi fundada a Sociedade Brasileira Contra a Escravidão, no Rio de Janeiro.
- Cresceram as agremiações abolicionistas em outras províncias do país. No Norte e no Nordeste, destacam-se Castro Alves, Joaquim Nabuco e José do Patrocínio.
- Em 1884, o Ceará é a primeira província a libertar os seus escravos. Em seguida, o Rio Grande do Sul e o Amazonas. Destaque: **Quilombo do Jabaquara**, fundado em 1882, perto da cidade de Santos, em São Paulo. Reunia 10 mil pessoas, os "libertos de Antônio Bento", um abolicionista que organizou o grupo dos **caifazes** para ajudar os negros a fugir de seus senhores.
- Em 1885, a **Lei do Sexagenário**, ou **Lei Saraiva-Cotegipe**, libertou os escravos com mais de 65 anos.

Favoreceu mais os senhores, que não precisavam alimentar os velhos escravos, que praticamente nada mais produziam.
- Em 13 de maio de 1888, a princesa Isabel assinou a **Lei Áurea**, extinguindo a escravidão no Brasil.

6. Associe corretamente.

a) Lei Eusébio de Queirós

b) Lei Rio Branco

c) Lei Saraiva-Cotegipe

d) Lei Áurea

( ) Declarava livres os filhos de escravos nascidos daquela data em diante.

( ) Declarava livres todos os escravos ainda existentes no país.

( ) Declarava livres escravos com mais de 65 anos.

( ) Proibia definitivamente o tráfico de escravos para o Brasil.

( ) Lei que favoreceu mais os proprietários, porque não precisavam alimentar escravos velhos.

( ) O proprietário ainda podia usar

o trabalho do filho da escrava até este chegar aos 21 anos.

( ) Apesar de extinguir totalmente a escravidão, não criou medidas para integrar os ex-escravos ao mercado de trabalho.

( ) Foi uma lei que beneficiou a Inglaterra, que há muito vinha pressionando o Brasil para que a assinasse.

7. No movimento abolicionista, destacou-se o Quilombo do Jabaquara e a ação de Antônio Bento. O que sabe a respeito disso?

8. Por que dizemos que a abolição da escravatura no Brasil foi lenta e gradual?

9. A partir de 1850, o preço dos escravos no Brasil subiu assustadoramente. Por quê?

10. A primeira província brasileira a extinguir a escravidão foi o _____.

OS IMIGRANTES

Os primeiros imigrantes chegaram ao Brasil em 1819, ainda no governo de dom João VI. Os suíço-alemães fundaram uma colônia, origem da cidade de Nova Friburgo, no atual estado do Rio de Janeiro.

Em 1824, imigrantes alemães se fixaram no Rio Grande do Sul, onde deram origem a várias cidades: São Leopoldo, Novo Hamburgo, Estrela.

Durante o Segundo Reinado, a imigração tomou impulso com a expansão da lavoura cafeeira, que exigia mais mão de obra na região de São Paulo.

O senador Nicolau de Campos Vergueiro instituiu o **sistema de parceria:** o proprietário faria adiantamentos aos imigrantes para o seu transporte e sustento, a serem pagos num certo prazo e com juros de 6% ao ano. Os imigrantes deviam plantar, cultivar, colher e beneficiar o café. O produto da venda seria dividido em partes iguais entre o colono e o fazendeiro. Esse sistema não deu resultado, pois os imigrantes não conseguiam lucrar com a parte que lhes era determinada.

A partir de 1870, a imigração passou a ser subvencionada. O governo ficou com a responsabilidade do transporte, e o fazendeiro manteria o trabalhador imigrante durante o prazo de um ano.

Italianos fixaram-se em São Paulo, pois a lavoura cafeeira era produzida em maior escala nessa região. Entre 1850 e 1910, São Paulo recebeu mais de 1,5 milhão de imigrantes italianos.

A partir de 1875, os italianos também foram para o Rio Grande do Sul, onde passaram a desenvolver o cultivo da uva (origem de Caxias do Sul, Garibaldi, Farroupilha).

Durante o Segundo Reinado, imigrantes alemães se dirigiram para Santa Catarina, onde fundaram várias cidades: Blumenau, Joinville etc.

Objetivos da colonização do sul do Brasil: desenvolver o minifúndio (pequena propriedade) e produzir alimentos para o mercado interno (Rio Grande do Sul, "celeiro do Brasil").

Imigrantes italianos em fazenda no interior de São Paulo, início do século XX.

11. Os primeiros imigrantes europeus a chegar ao Brasil foram os:

( ) japoneses.

( ) russos.

( ) italianos.

( ) suíço-alemães.

12. O que foi o sistema de parceria? Esse sistema deu certo? Por quê?

13. Coloque F para falso e V para verdadeiro:

( ) Os italianos no Brasil trabalharam principalmente na produção do café.

( ) Os alemães foram levados mais para o Rio Grande do Sul.

( ) A imigração para o Brasil foi uma solução para o problema de mão de obra na economia cafeeira, mas também atendia à necessidade de povoamento do Sul.

( ) A primeira colônia fundada por imigrantes no Brasil deu origem a Nova Friburgo, no atual estado do Rio de Janeiro.

Revisão

1. O que decidiu cada uma das seguintes leis:

a) Lei Eusébio de Queirós –

b) Lei Rio Branco ou do Ventre Livre –

c) Lei Saraiva-Cotegipe ou dos Sexagenários –

d) Lei Áurea –

2. Qual a crítica que se pode fazer às seguintes leis:

a) Lei Eusébio de Queirós –

b) Lei Rio Branco ou do Ventre Livre –

c) Lei Saraiva-Cotegipe ou dos Sexagenários –

d) Lei Áurea –

3. No movimento abolicionista, destacou-se a ação de escravos e ex-escravos, liderados por Antônio Bento, que ajudava os negros a fugir das fazendas. Estamos falando:

( ) Do Quilombo do Jabaquara e do grupo dos caifazes.

( ) Da Guerra de Canudos e do grupo que seguia o Conselheiro.

( ) Dos revolucionários jangadeiros do Ceará.

( ) Do Quilombo de Palmares e dos súditos do rei Zumbi.

4. A abolição da escravatura no Brasil foi um processo _____ e _____ porque se buscava mais _____ da escravidão do que extingui-la.

5. Pela lei Bill Aberdeen, a Inglaterra:

( ) Podia apreender navios brasileiros que transportassem contrabando para a Europa.

( ) Podia prender navios negreiros e julgar sua tripulação.

( ) Podia declarar guerra às nações africanas que fornecessem escravos ao Brasil.

( ) Podia invadir as fazendas brasileiras e libertar escravos.

6. Uma consequência da Lei Eusébio de Queirós, de 1850, foi:

( ) A Inglaterra decidiu prender navios negreiros.

( ) A escravidão no Brasil tornou-se mais forte.

( ) O preço dos escravos no Brasil subiu assustadoramente.

( ) O Brasil passou a vender seus escravos para outros países.

7. A primeira província brasileira a extinguir a escravidão foi:

( ) São Paulo.

( ) Rio de Janeiro.

( ) Bahia.

( ) Ceará.

8. Os primeiros imigrantes europeus a chegar ao Brasil foram os

_____, que fundaram uma colônia que daria origem à cidade de _____, no atual estado do _____.

9. O sistema de trabalho pelo qual o proprietário faria adiantamentos aos imigrantes para o seu transporte e sustento, a serem pagos num certo prazo e com juros de 6% ao ano, foi chamado de _____.

10. De início, os imigrantes eram levados às fazendas onde deviam _____, _____, _____ e _____ o café. O produto da venda seria _____ em partes iguais entre o _____ e o _____. Esse sistema não deu resultado, pois os imigrantes não conseguiam _____.

11. O governo brasileiro enviou imigrantes para o sul do Brasil para:

( ) Trabalhar nas fazendas de café e substituir a mão de obra escrava.

( ) Garantir o povoamento, desenvolver o minifúndio e produzir alimentos para o mercado interno.

( ) Lutar na Guerra do Paraguai, em troca de salários.

( ) Cuidar das fronteiras e evitar o contrabando.

12. Cite algumas colônias fundadas por imigrantes no sul do Brasil.

Anotações

6. A crise da monarquia

OS ÚLTIMOS ANOS DA MONARQUIA BRASILEIRA

Na segunda metade do século XIX, a economia brasileira estava passando por sensíveis transformações. Entretanto, na política, dom Pedro II, exercendo o Poder Moderador, ainda governava de forma centralizadora.

Os liberais e os conservadores continuavam se alternando no poder; enquanto isso, os republicanos iam, gradativamente, ganhando espaço.

Em 1870, foi assinado por muitos intelectuais o **Manifesto Republicano**, que propunha o regime republicano. No Rio de Janeiro, foi fundado o jornal *A República*.

Em julho de 1873, na Convenção de Itu, foi fundado o Partido Republicano Paulista (PRP), composto da nova aristocracia cafeeira (do Oeste Paulista), que via a monarquia como um empecilho ao progresso do Brasil.

O movimento republicano contou com a participação de jovens oficiais, influenciados por Benjamin Constant, professor da Escola Militar. Em São Paulo, os adeptos da República procuravam agir com cautela, aliando-se aos conservadores. No Rio de Janeiro, estavam divididos em:

Radicais, liderados por Aristides Lobo, Silva Jardim e Benjamin Constant, queriam a proclamação imediata da República.

Moderados, liderados por Quintino Bocaiúva e Saldanha Marinho, preferiam aguardar o momento da sucessão monárquica.

1. Como governava dom Pedro II na segunda metade do século XIX?

2. Quais os partidos que se alternavam no governo na época do Segundo Reinado?

3. Cite duas ações dos republicanos no fim do Segundo Reinado.

4. Quando e onde foi fundado o PRP, Partido Republicano Paulista? Quem o compunha?

5. Como estavam divididos os republicanos no Rio de Janeiro?

OS MILITARES SE INDISPÕEM COM O GOVERNO MONÁRQUICO

O ressentimento dos militares vinha desde 1831, com a criação da Guarda Nacional (porque, com ela, as Forças Armadas haviam sido postas de lado). Com a Guerra do Paraguai, o Exército se tornou mais bem organizado, composto de integrantes das camadas médias urbanas e ex-escravos.

Questão Militar: série de atritos entre o Exército e o governo brasileiro, envolvendo o tenente-coronel Sena Madureira e o coronel Cunha Matos, punidos por terem se manifestado pela imprensa contra atos do governo, receberam apoio do marechal Deodoro da Fonseca. Em 1887, Deodoro fundou o Clube Militar, do qual foi o primeiro presidente. Nesse mesmo ano, apresentou à princesa Isabel o documento em que os militares se recusavam a prender escravos fugidos. No início de 1889, já havia mais de 250 clubes no Brasil.

6. O que foi a Questão Militar? Quais os militares envolvidos?

7. De onde vinha o ressentimento dos militares contra o governo?

8. Qual o efeito da Guerra do Paraguai no Exército brasileiro?

A CLASSE MÉDIA URBANA

Com o início do processo de modernização (centros urbanos, atividades de comércio, transporte, finanças e indústria), cresceu o número de profissionais liberais: médicos, advogados, farmacêuticos, professores, jornalistas etc. Essa classe média urbana, formada por brasileiros e imigrantes, teve participação na mudança do regime político brasileiro.

A extinção da escravidão, em 1888, atingiu principalmente os proprietários de escravos urbanos, que passaram a reforçar as fileiras dos clubes republicanos.

A IGREJA E A QUESTÃO RELIGIOSA

Pela Constituição de 1824, o catolicismo era a religião oficial. A Igreja subordinava-se ao Estado, e o imperador tinha sobre ela dois direitos: beneplácito e padroado. A Igreja posicionou-se contra e tentou punir padres que participavam da maçonaria (sociedade política secreta). Isso resultou na prisão de alguns bispos, o que levou a Igreja a posicionar-se contra a monarquia.

9. Coloque F para falso e V para verdadeiro:

( ) O movimento republicano no Brasil juntou classe média urbana e proprietários de escravos urbanos, descontentes com a abolição.

( ) A Igreja se colocou a favor da monarquia e condenou as ideias republicanas.

( ) Também foi importante no movimento republicano a participação de militares.

( ) O movimento republicano teve intensa participação popular, principalmente dos camponeses do Nordeste.

10. O que decidia a Constituição de 1824 em relação à Igreja Católica?

A REPÚBLICA É PROCLAMADA

Estavam unidos contra a monarquia: Exército, republicanos de diversas províncias do Brasil, cafeicultores (especialmente do Oeste Paulista) e a classe média urbana.

Dom Pedro II escolheu o visconde de Ouro Preto, político do Partido Liberal, para o cargo de presidente do Conselho de Ministros.

Combatido pelos conservadores porque seu programa se aproximava dos republicanos, Ouro Preto dissolveu a Câmara e convocou novas eleições. Teve início uma conspiração para derrubá-lo, liderada por Quintino Bocaiúva e Benjamin Constant, que buscaram o apoio do marechal Deodoro da Fonseca.

Marcada para 20 de novembro, a derrubada do visconde de Ouro Preto foi antecipada para o dia 15. As tropas comandadas pelo marechal Deodoro prenderam os membros do Gabinete e, à tarde, a Câmara dos Deputados, no Rio de Janeiro, presidida por José do Patrocínio e com o apoio do Exército, declarou extinta a monarquia no Brasil. Começava a República.

11. A Proclamação da República no Brasil:

( ) Foi apoiada pelos cafeicultores do Vale do Paraíba, escravos negros e classe média urbana.

( ) Foi realizada pelo visconde de Ouro Preto, do Partido Liberal.

( ) Foi oficializada na Câmara dos Deputados, no Rio de Janeiro, quando José do Patrocínio declarou extinta a monarquia.

( ) Foi combatida pelas tropas sob o comando do marechal Deodoro da Fonseca.

Revisão

1. A partir de 1870, assinalaram-se no Brasil transformações políticas importantes, como:

   ( ) Crise da monarquia e fortalecimento do movimento republicano.
   ( ) Dom Pedro II passou a exercer o Poder Moderador de forma centralizadora.
   ( ) Decadência do Exército brasileiro, após a Guerra do Paraguai.
   ( ) Forte repressão ao movimento abolicionista, levando à sua extinção total.

2. Durante o Segundo Reinado, os partidos Liberal e Conservador se alternaram no poder. Entretanto, em 1873, na Convenção de Itu, foi fundado um novo grupo político, dando origem ao partido:

   ( ) Liberal Exaltado.
   ( ) Restaurador.
   ( ) Republicano.
   ( ) Farroupilha.

3. O que foi o Manifesto Republicano?

4. Em 1870, no Rio de Janeiro, os opositores do governo monárquico fundaram o jornal _____.

5. O movimento republicano no Brasil contava com a participação de uma parcela da aristocracia rural. Estamos nos referindo:

( ) Aos senhores de engenho do Nordeste.

( ) Aos cafeicultores do Oeste Paulista.

( ) Aos cafeicultores do Vale do Paraíba.

( ) Aos pecuaristas do Rio Grande do Sul.

6. Foram republicanos de destaque no fim do Segundo Reinado no Brasil:

( ) Aristides Lobo, Silva Jardim e Benjamin Constant.

( ) Araújo Lima, Padre Feijó e Evaristo da Veiga.

( ) Tobias de Aguiar, Teófilo Otoni e Frei Caneca.

( ) Eusébio de Queirós, Rio Branco e Luís Alves de Lima e Silva.

7. No fim do Segundo Reinado, uma série de atritos entre o Exército e o governo constituiu a chamada _____, que foi um dos fatores de crise da _____.

8. Podemos afirmar que o Exército brasileiro, que teria importante participação no movimento republicano:

( ) Ganhou destaque depois de reprimir rebeliões internas contra o governo.

( ) Teve ação marcante no combate ao movimento abolicionista.

( ) Organizou-se melhor e ganhou destaque depois da Guerra do Paraguai.

( ) Exigiu do governo que os militares fossem caçar escravos que fugiam das fazendas.

9. Quem fazia parte da classe média urbana no Brasil, no fim do século XIX?

10. Pela Constituição de 1824, a Igreja Católica no Brasil:

( ) Era independente do Estado, e o imperador não podia interferir em seus assuntos internos.

( ) Era independente do Estado, mas o imperador podia exercer sobre ela dois direitos: o beneplácito e o padroado.

( ) Subordinava-se ao Estado, e o imperador tinha sobre ela dois direitos: beneplácito e padroado.

( ) A Constituição de 1824 não se referia à Igreja Católica, porque não havia preocupação com questões religiosas.

11. O conflito entre a Igreja Católica e o governo de dom Pedro II ficou conhecido como _____ e envolveu uma sociedade política secreta, a _____.
A consequência desse conflito foi que a Igreja retirou seu _____ à monarquia.

12. Três forças políticas estavam unidas contra a monarquia no fim do século XIX: o _____, os cafeicultores do _____ e a classe _____. Marcada para 20 de novembro de 1889, a Proclamação da República acabou ocorrendo no dia _____ de _____ e foi liderada pelo marechal _____.

Anotações

7. A América no século XIX

No século XIX, ocorreram inúmeras transformações no continente americano. As colônias espanholas conseguiram libertar-se por meio de vários movimentos militares. Essa libertação armada favoreceu sua fragmentação em vários países. Também o Brasil, colônia de Portugal na época, tornou-se livre.

A liderança da luta pela emancipação das colônias espanholas coube à elite colonial *criolla*, que desejava garantir os seus interesses econômicos e a sua posição social. Foi também influenciada pelas ideias iluministas trazidas pelos seus filhos que estudavam na Europa.

No final do século XVIII, a Espanha aumentou os impostos e a fiscalização sobre suas colônias americanas. Além disso, tentava impedir o contrabando e a concorrência se nelas ocorresse o desenvolvimento de atividades econômicas.

No começo do século XIX, em 1808, Napoleão Bonaparte invadiu a Espanha e depôs o rei, colocando seu irmão, José Bonaparte, no poder. Teve início uma dominação que durou até 1813. Na América, as colônias aproveitaram a situação da Espanha para intensificar os movimentos e se separar definitivamente.

Nesse mesmo século, os Estados Unidos da América, que haviam conquistado a sua independência no século anterior, tiveram uma expansão territorial muito expressiva com a conquista do Oeste.

Na marcha para o Oeste, os norte-americanos entraram em choque com os indígenas. Milhares deles foram dizimados e os sobreviventes, subjugados.

Na segunda metade do século XIX, eclodiu nos Estados Unidos um violento conflito interno entre o Norte e o Sul, conhecido como **Guerra de Secessão**.

1. O que marca a história do continente americano no século XIX?

2. Quem liderou os movimentos de emancipação da América Espanhola? Por que lutaram contra a Espanha?

3. Quais os fatos marcantes da História dos Estados Unidos no século XIX?

4. O que foi a Guerra de Secessão norte-americana?

INDEPENDÊNCIA DA AMÉRICA ESPANHOLA

Com exceção do Uruguai, de Cuba e Porto Rico, as colônias espanholas da América proclamaram sua independência entre 1804 e 1825.

Os primeiros movimentos de libertação da América Espanhola começaram no século XVIII. Entre eles, destacam-se a revolta dos indígenas no Peru, liderada por Tupac Amaru (1780) e a revolta dos escravos, a partir de 1791, em São Domingos, liderada por um ex-escravo, Toussaint Louverture, que proclamou a independência da ilha.

No **vice-reinado da Nova Espanha**, em 1810, os padres Hidalgo e Morellos lideraram um movimento pela libertação do México. Ambos foram executados. A independência definitiva só veio a ocorrer em 1821, declarada pelo general Itúrbide.

A desintegração do **vice-reinado do Prata** (que corresponde às regiões atuais do Paraguai, Argentina e Uruguai) teve início com José Rodrigues de Francia, que libertou o Paraguai, em 1811, e instalou uma ditadura de cunho isolacionista.

A queda de Napoleão e José Bonaparte, em 1815, levou o rei Fernando VII ao trono espanhol. A restauração absolutista na Espanha correspondeu à tentativa de recolonização da América Espanhola. Todavia, os *criollos* argentinos rebeldes não desistiram. Lutaram contra as tropas espanholas. Nessa luta, destacou-se a figura de José de San Martín. Em 1816, os argentinos formalizaram a independência definitiva no Congresso de Tucumán e criaram a República Argentina. Aos poucos, o antigo vice-reinado do Prata foi se diluindo em Estados nacionais soberanos.

5. Quais foram os primeiros movimentos pela emancipação das colônias espanholas?

6. Como ocorreu a independência do México?

7. A desintegração do vice-reinado do Prata (que corresponde às regiões atuais do _____, _____ e _____) teve início com José Rodrigues de Francia, que libertou o _____, em 1811.

8. José de San Martín foi um dos líderes na luta pela independência:

a) Da Argentina. ( )

b) Do Paraguai. ( )

c) Do Uruguai. ( )

d) Da Bolívia. ( )

> As Capitanias-Gerais da Venezuela e do Chile também se emanciparam, respectivamente, em 1811 e 1818.
>
> O monarca espanhol Fernando VII chegou a solicitar a ajuda da Santa Aliança para deter os processos emancipacionistas. Entretanto, a Inglaterra e os Estados Unidos opuseram-se à intervenção e reconheceram os novos Estados latino-americanos. A Inglaterra via nas novas nações um mercado promissor para os seus produtos.
>
> A situação política e econômica da América Latina pouco mudou. Os *criollos* permaneceram como camada dominante, enquanto a grande maioria da população continuou sendo explorada.

9. Como foi o processo de independência do Uruguai?

> O processo de independência do Uruguai foi diferente dos outros países da América Espanhola. O Uruguai foi incorporado ao Brasil por dom João VI, em 1821, com o nome de **Província Cisplatina**. Anos depois, com o Brasil já independente, dois nacionalistas uruguaios, Lavalleja e Rivera, iniciaram uma guerra de libertação. Dom Pedro I, imperador do Brasil, reconheceu a independência do Uruguai em 1828.
>
> O vice-reinado do Peru também fragmentou-se em nações livres: a Colômbia, em 1819; o Equador, em 1822; o Peru, em 1821; e a Bolívia, em 1825.

10. Quais os países que se originaram da fragmentação do vice-reinado do Peru?

11. Por que a Inglaterra logo reconheceu a independência dos novos países americanos?

Essa doutrina, sintetizada na frase "a América para os americanos", pode ser considerada a gênese do **pan-americanismo**, ou seja, a união e a cooperação entre os países das Américas. Ela reforçou também a política isolacionista dos Estados Unidos e contribuiu para fortalecer a sua posição na América Latina.

---

12. Quais as transformações por que passaram os Estados Unidos no século XIX?

OS ESTADOS UNIDOS NO SÉCULO XIX

No século XIX ocorreu uma série de transformações econômicas, políticas e sociais nos Estados Unidos. A agricultura passou a ser diversificada e realizada com novo padrão técnico. As indústrias floresceram e atingiram elevado índice de exportações. Em decorrência, novas camadas sociais surgiram e aumentou ainda mais a imigração. Por fim, a burguesia industrial e financeira norte-americana expandiu-se no mercado latino-americano.

A DOUTRINA MONROE

Após a Santa Aliança, em 1815, o governo norte-americano manifestou-se contrariamente à prática intervencionista dos países europeus, ratificando o isolacionismo em relação à Europa. O presidente James Monroe, então, formulou a **Doutrina Monroe**, negando o direito de intervenção da Santa Aliança nas nações latino-americanas.

---

13. Qual era a principal intenção da Doutrina Monroe?

14. A Doutrina Monroe pode ser sintetizada na frase _____ e é considerada a gênese do _____.

A EXPANSÃO TERRITORIAL NORTE-AMERICANA

No início do século XIX, os norte-americanos começaram a se expandir em direção ao Oeste, conquistando terras dos povos indígenas e estendendo suas fronteiras do Atlântico ao Pacífico. Buscavam terras férteis para a agricultura, pastagens para a criação de animais, matérias-primas para as indústrias do Norte e riquezas minerais.

As regiões ocupadas pelos pioneiros deram origem a novos estados, que foram anexados à União por compra ou conquista.

Em 1803, o governo norte-americano comprou o território da Louisiana da França; em 1819, comprou a Flórida da Espanha; o território do Oregon foi comprado da Inglaterra; o Texas, a Califórnia, Utah, Arizona, Nevada, Colorado e o Novo México, conquistados do México. Em 1867, para afastar os europeus da América, os Estados Unidos compraram o Alasca da Rússia.

Com a expansão territorial, houve o crescimento rápido da população, que ocorreu também devido ao aumento da imigração europeia, estimulada pelo governo norte-americano.

Para as populações indígenas, a conquista do Oeste representou a perda de suas terras e a dizimação. Milhares de índios morreram e os sobreviventes, derrotados, foram confinados em reservas.

---

15. Por que os norte-americanos iniciaram a expansão para o Oeste?

16. Quais os territórios comprados pelos Estados Unidos que deram origem a novos estados norte-americanos?

17. Quais os territórios conquistados do México pelos norte-americanos?

18. O que representou a conquista do Oeste para as populações indígenas da América do Norte?

A GUERRA DE SECESSÃO

A Guerra de Secessão agitou os Estados Unidos de 1861 a 1865. As diferenças econômicas e políticas dos estados do Norte e do Sul foram decisivas para a eclosão do conflito.

- O **Norte** possuía economia sustentada na indústria e no comércio; defendia tarifas alfandegárias protecionistas; apoiava a abolição dos escravos; era favorável a um governo central forte.
- O **Sul** possuía economia agrária; era exportador de produtos agrícolas e importador de manufaturados; defendia tarifas alfandegárias baixas; lutava pela manutenção do escravismo; era favorável a um governo central fraco.

Um dos pontos mais importantes da divergência entre o Norte e o Sul era o problema do escravismo.

Nas eleições de 1860, venceu o republicano Abraham Lincoln, favorável à abolição da escravatura e ao protecionismo.

No dia 20 de dezembro do mesmo ano, antes mesmo de o presidente assumir o cargo, o estado da Carolina do Sul desligou-se da União, seguido por mais seis estados sulistas: Alabama, Mississípi, Flórida, Geórgia, Louisiana e Texas. Juntos formaram os **Estados Confederados da América**, tendo como capital Richmond, no estado da Virgínia. Escolheram Jefferson Davis para presidente, adotaram nova bandeira e elaboraram uma Constituição.

Quando, em 1861, Lincoln assumiu a presidência, tentou sufocar o movimento pacificamente, mas não conseguiu. Novos estados aderiram à Confederação.

A superioridade do Norte sobre o Sul era grande, pois possuía indústrias de armas e de munições, estradas de ferro e navios.

Após quatro anos de luta, em abril de 1865, caiu o último reduto separatista em Appomatox. O comandante do Sul, general Lee, rendeu-se ao general Grant, do Norte. Nesse mesmo ano, no dia 14 de abril, Lincoln foi alvejado por James Booth e morreu.

19. Quais eram as diferenças entre o Norte e o Sul dos Estados Unidos?

20. Qual era a principal divergência entre Norte e Sul dos Estados Unidos no século XIX?

21. O que fizeram os estados norte-americanos do Sul quando Abraham Lincoln foi eleito presidente?

22. Como terminou a Guerra de Secessão?

23. O que aconteceu com Abraham Lincoln?

> Após a Guerra de Secessão, houve maior crescimento industrial do Norte. A industrialização tornou-se o principal fator da economia nacional. No Sul, a guerra e a abolição dos escravos transformaram a economia. Algumas das grandes fazendas foram divididas. O algodão deixou de ter supremacia e intensificou-se o cultivo de outros produtos.
> No entanto, foi difícil a integração do negro na sociedade. Houve o aparecimento de sociedades secretas terroristas, que agiam contra os negros e os brancos abolicionistas, como a Ku Klux Klan, fundada em 1867.

24. Quais as transformações econômicas ocorridas nos Estados Unidos após a Guerra de Secessão?

25. Como ficou a situação do negro na sociedade norte-americana após a Guerra de Secessão?

Revisão

1. Na história do continente americano no século XIX, um dos fatos que mais se destacam é:

a) A independência dos Estados Unidos. (   )

b) A conquista dos espanhóis. (   )

c) A independência das colônias espanholas e do Brasil. (   )

d) A formação do Mercosul. (   )

2. A história dos Estados Unidos no século XIX é marcada por:

a) A Guerra de Independência contra a Inglaterra. (   )

b) A Guerra do Leste contra o Oeste, em torno da questão indígena. (   )

c) A conquista do Oeste e a Guerra de Secessão. (   )

d) O início da escravidão negra, que levou à guerra entre Norte e Sul. (   )

3. Os Estados Unidos da América, com base na _____, que dizia "A América para os americanos", logo reconheceu a _____ dos novos países americanos. Também a _____, que via nas novas nações um _____ para os seus produtos.

65

4. A Guerra de Secessão mostrou a profunda divergência existente entre os estados do Norte e do Sul dos Estados Unidos em torno da questão:

a) Dos índios. (   )

b) Dos escravos negros. (   )

c) Da economia agrária do Norte. (   )

d) Do início da industrialização no Sul. (   )

5. A vitória da Guerra de Secessão pelo _____ permitiu um maior crescimento industrial nessa região, enquanto no _____, o _____ deixou de ter supremacia e intensificou-se o cultivo de _____.

Anotações

8. A Europa no século XIX

Durante o século XIX, a burguesia, que já era uma classe social economicamente forte, vê seu poder político consolidar-se.

O processo de industrialização, além da Inglaterra, foi desenvolvido por outros países europeus, mas o operário continuou enfrentando a pobreza e a falta de leis que garantissem seus direitos.

As nações industrializadas começaram a disputar novos mercados coloniais. O alvo das conquistas eram os continentes africano e asiático.

Nesse século, a Inglaterra assumiu definitivamente a posição de primeira potência mundial. De 1837 a 1901, o trono inglês foi ocupado pela rainha Vitória, daí a denominação de **Era Vitoriana** para esse período.

Na França, ocorreram revoluções liberais, ainda para limitar o poder dos reis. Foram movimentos contra governos que desrespeitaram as conquistas políticas e sociais do povo francês: a Revolução de 1830, que derrubou o rei Carlos X, e a Revolução de 1848, que proclamou a Segunda República. O ideal nacionalista do século XIX expressava o crescimento da burguesia. Na Itália e na Alemanha, o sentimento nacionalista levou o povo dessas regiões à guerra pela formação de Estados soberanos e livres.

1. O que caracterizou a política externa das nações industrializadas no século XIX?

2. Qual era o país hegemônico no século XIX?

3. O que foi a Era Vitoriana?

4. O que se destaca na história da França no século XIX?

5. No século XIX, fortaleceu-se o ideal _____, que expressava o crescimento da _____.

A UNIFICAÇÃO ITALIANA

O Congresso de Viena (1814), em suas decisões territoriais, havia dividido a Itália em vários Estados:

- o reino de Piemonte-Sardenha, governado pela dinastia italiana de Savoia;
- o reino Lombardo-Veneziano e dos ducados de Parma, Módena e Toscana, sob o domínio da Áustria;
- os Estados Pontifícios, ao centro, sob o domínio do papa;
- o reino das Duas Sicílias, governado pela dinastia dos Bourbons, da Espanha.

O ideal de unificação foi posto em prática pelo primeiro-ministro do reino de Piemonte, conde Camilo Cavour, a partir de 1852. Esse reino era o mais desenvolvido da região. Sua burguesia industrial começava a crescer e queria expandir-se, o que seria facilitado com a unificação. Cavour, com o apoio da burguesia, organizou o exército, iniciando as lutas.

No começo de 1859, Cavour e Napoleão III, da França, firmaram um acordo de ajuda mútua e, graças a ele, a Áustria foi derrotada. O reino de Piemonte-Sardenha anexou a região da Lombardia e os ducados de Parma, Módena e Toscana. No entanto, Napoleão III rompeu a aliança e firmou um acordo com a Áustria, que manteve sob seu domínio a região de Veneza.

Giuseppe Garibaldi, líder revolucionário, republicano convicto e bastante popular, reuniu e chefiou um exército de voluntários, os "camisas vermelhas". Marchou sobre o reino das Duas Sicílias, conquistando-o em 1860. Nesse mesmo ano, Vítor Emanuel II chegou ao sul da Itália, sendo aclamado rei do país por Garibaldi.

6. Pelo Congresso de Viena, como estava dividida a Península Itálica?

7. O processo de unificação da Itália foi conduzido pelo primeiro-ministro do reino de _____, conde _____, a partir de 1852. Também se destacou como um dos líderes da guerra nacionalista o republicano _____, com seu exército de "_____".

68

Em 1866, a Itália aliou-se à Prússia numa guerra contra a Áustria. Com a vitória dos prussianos e italianos, a Áustria foi obrigada a entregar Veneza aos italianos.

Para que a Itália fosse unificada, restavam apenas os Estados Pontifícios, sob o domínio do papa.

Em 1870, estourou a guerra franco-prussiana, e Napoleão III retirou seus exércitos dos Estados Pontifícios. Aproveitando-se disso, os nacionalistas italianos invadiram e dominaram a região central da península, completando o processo de unificação.

Duas regiões, Trieste e Trento, chamadas **irredentas**, continuaram em poder dos austríacos. Só foram anexadas à Itália após a Primeira Guerra Mundial.

O papa Pio IX, em reação à perda de seus territórios, declarou-se prisioneiro voluntário do governo italiano, dando origem à **Questão Romana**.

Essa questão foi resolvida somente em 1929, quando Mussolini, ditador da Itália, e o papa Pio XI assinaram o Tratado de Latrão, criando o Estado do Vaticano, sob o domínio da Igreja.

8. Na Itália, as chamadas regiões ir-redentas, _____ e _____, continuaram em poder dos _____ e só foram anexadas à Itália após a _____.

9. O que decidiu o Tratado de Latrão, de 1929?

A UNIFICAÇÃO ALEMÃ

Pelo Congresso de Viena, a Alemanha foi dividida em vários Estados, formando a Confederação Germânica. A presidência dessa Confederação ficou com a Áustria, e a vice-presidência com a Prússia, o Estado mais desenvolvido.

A Prússia disputava com a Áustria a hegemonia sobre os Estados alemães. Em 1834, os prussianos deram o primeiro passo para a unificação. Criaram o Zollverein, um acordo que abolia as tarifas alfandegárias nos Estados alemães. Essa medida favoreceu o desenvolvimento econômico da Prússia, levando-a a liderar o processo de unificação.

Em 1861, com a posse de um novo rei prussiano, Guilherme I, o ideal nacionalista fortaleceu-se graças a seu primeiro-ministro, Otto von Bismarck. Ele organizou militarmente o reino da Prússia, transformando seu exército no principal meio da unificação. O exército viu-se envolvido nas seguintes guerras:

- **guerra dos ducados contra a Dinamarca** (1864);
- **guerra austro-prussiana** (1866–1867);
- **guerra franco-prussiana** (1870).

A Prússia venceu a França e, em 1871, pelo Tratado de Frankfurt,

Guilherme I recebeu o título de imperador da Alemanha, instalando a monarquia constitucional. Bismarck foi escolhido primeiro-ministro. A França foi obrigada a entregar aos alemães as regiões da Alsácia e da Lorena, dois importantes territórios para sua economia. A Alemanha entrou num processo de grande industrialização. Entrou na disputa por colônias na África, anteriormente dominados pela Inglaterra e pela França. No fim do século XIX, a Alemanha já era uma grande potência industrial.

10. Pelo Congresso de Viena, a Alemanha ficou dividida em vários Estados, formando a _____ .

11. No processo de unificação da Alemanha, destacou-se o primeiro-ministro da _____, que era _____ .

12. Com a derrota da França pela Prússia em 1870, duas regiões francesas passaram para o domínio da Alemanha: a _____ e a _____ .

13. Qual era a situação da Alemanha após a unificação?

Revisão

1. Os países que surgiram na Europa no século XIX foram:

a) Áustria e Rússia. (   )
b) Inglaterra e Holanda. (   )
c) Portugal e Espanha. (   )
d) Alemanha e Itália. (   )

2. Coloque F para falso e V para verdadeiro.

a) No século XIX, as nações industrializadas começaram a disputar novos mercados coloniais, principalmente na África e na Ásia. (   )

b) O país hegemônico no século XIX eram os Estados Unidos. ( )

c) Na Inglaterra, no século XIX, assinala-se o período de governo da rainha Vitória, chamada Era Vitoriana. ( )

d) Na França, ocorreram revoluções liberais, ainda para limitar o poder dos reis: a Revolução de 1830 e a Revolução de 1848. ( )

e) No século XIX, fortaleceu-se o ideal nacionalista, que expressava o crescimento da burguesia. ( )

3. Associe corretamente:

a) Regiões irredentas
b) Tratado de Latrão
c) Questão Romana
d) Camilo Cavour
e) Giuseppe Garibaldi
f) Vítor Emanuel II

( ) Tornou-se o primeiro rei da Itália unificada.

( ) Primeiro-ministro do Piemonte, um dos líderes da unificação italiana.

( ) Conflito entre o governo italiano e a Igreja Católica, porque o papa reagiu contra a perda de seus territórios.

( ) Líder revolucionário que marchou sobre o reino das Duas Sicílias, conquistando-o em 1860.

( ) Trieste e Trento.

( ) Criou o Estado do Vaticano.

4. Numere as frases de acordo com a ordem cronológica.

( ) Pelo Tratado de Frankfurt, Guilherme I recebe o título de imperador da Alemanha, instalando a monarquia constitucional.

( ) Pelo Congresso de Viena, a região da Alemanha é dividida em vários Estados, formando a Confederação Germânica.

( ) Os prussianos criam o Zollverein, um acordo que elimina as tarifas alfandegárias nos Estados alemães.

( ) A Alemanha entrou num processo de grande industrialização.

( ) O primeiro-ministro Otto von Bismarck organiza militarmente o reino da Prússia.

( ) A Prússia se envolve em guerras contra a Dinamarca, a Áustria e a França.

( ) A França entrega aos alemães as regiões da Alsácia e da Lorena, dois importantes territórios para sua economia.

( ) A Prússia disputa com a Áustria a hegemonia sobre os Estados alemães.

Anotações

9. O novo colonialismo

No século XIX, ocorreu significativa expansão dos Estados capitalistas europeus, particularmente da Inglaterra e da França. Os governos, aliados às grandes empresas desses países, partiram para a conquista de colônias, disputando território e poder. Os alvos principais foram a África e a Ásia.

Em primeiro lugar, essas nações europeias queriam novos mercados consumidores para os seus produtos industrializados e áreas para investimentos. Também precisavam de matéria-prima industrial (ferro, carvão, manganês etc.) e mão de obra suficiente e barata. Ambas poderiam ser encontradas nas colônias. Além disso, o aumento populacional levou os governos a incentivar a emigração.

As nações imperialistas do século XIX procuraram justificar o novo colonialismo desenvolvendo teorias religiosas e pretensamente técnico-científicas, mas de fundo racista. O imperialismo disseminou a ideologia da superioridade racial do branco, do europeu, em relação ao africano.

A Igreja Católica colaborou bastante para a dominação europeia na África e na Ásia, afirmando que as conquistas tinham a missão de salvar as almas dos infiéis para o cristianismo.

1. No século _____, ocorreu significativa expansão dos Estados capitalistas europeus, particularmente da _____ e da _____. Os governos, aliados às grandes empresas desses países, partiram para a conquista de _____, disputando território e poder.

2. Que regiões foram objeto do colonialismo do século XIX?

3. Que fatores levaram as nações europeias a conquistar colônias?

4. Como as nações europeias justificaram o colonialismo no século XIX?

5. Como a Igreja Católica atuou no colonialismo do século XIX?

6. Quem eram os bôeres?

7. Qual país africano surgiu no final da Guerra dos Bôeres?

A PARTILHA DA ÁFRICA

A África era um continente pouco povoado, com riquezas ainda inexploradas. A ocupação iniciou-se pelo litoral e, a partir daí, penetrou para o interior. Ocorreram inúmeras disputas entre os países industrializados. A Inglaterra e a França formaram os principais impérios coloniais na África.

A GUERRA DOS BÔERES (1899–1902)

Os bôeres eram descendentes de holandeses, que dominavam a região aurífera de Transvaal e Orange, na África, que hoje compõe os países Botsuana, Zimbábue, África do Sul, Suazilândia e Moçambique.

A Inglaterra, com a finalidade de explorar o ouro do sul da África, invadiu a região e impôs, após três anos de guerra, a sua dominação sobre os bôeres.

Com a corrida do ouro na África do Sul, grandes companhias mineradoras ali se instalaram. Ocorreram novos conflitos, estimulados pela Inglaterra. A British South Africa Company, fundada por Cecil Rhodes, em 1899, teve papel fundamental nas rebeliões. A guerra começou no fim de 1899 e durou três anos. Em 1902, foi estabelecida a paz e, em 1903, surgiu a República Sul-Africana.

A "PARTILHA" DA ÁFRICA (FIM DO SÉCULO XIX)

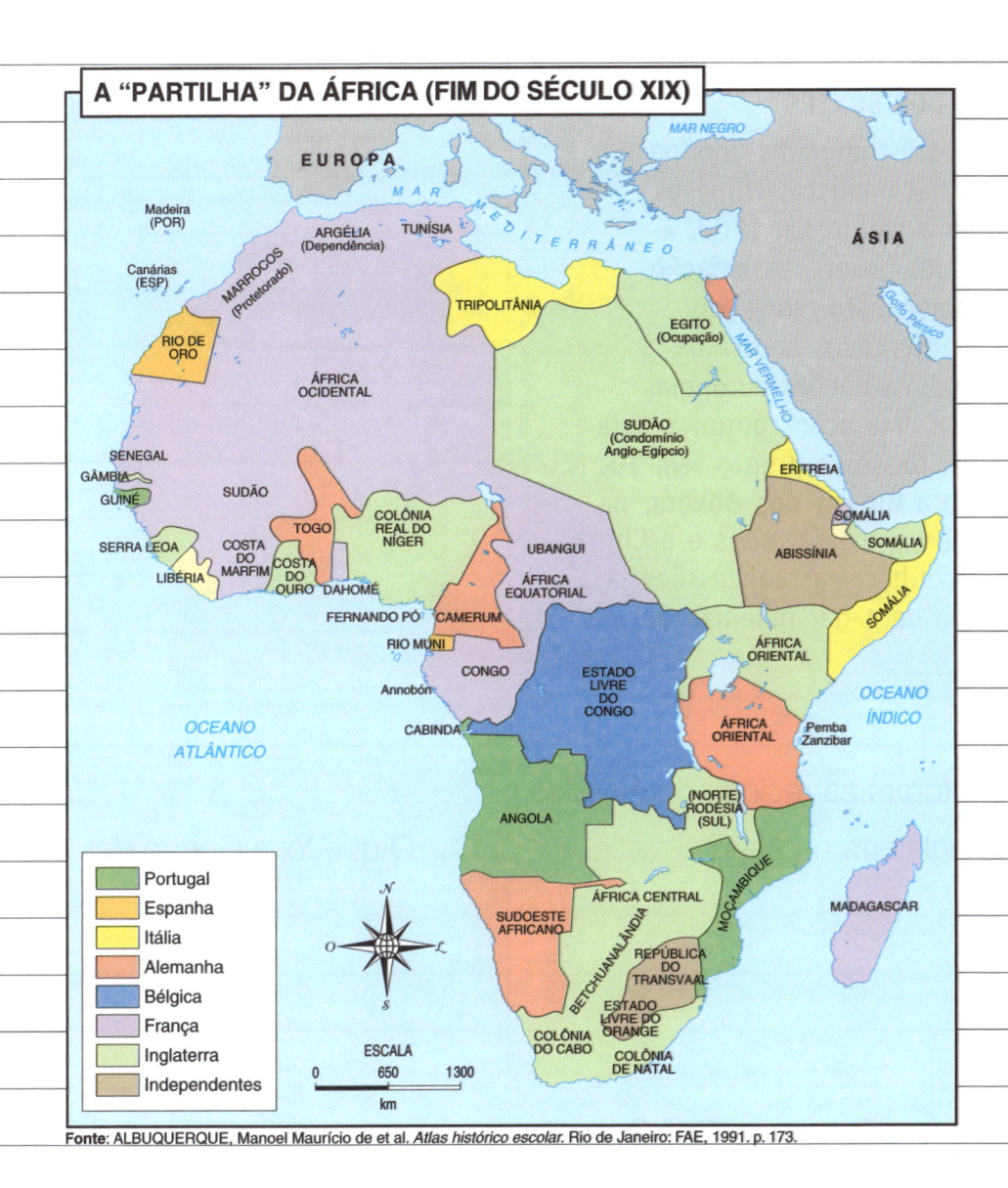

Fonte: ALBUQUERQUE, Manoel Maurício de et al. *Atlas histórico escolar*. Rio de Janeiro: FAE, 1991. p. 173.

A PARTILHA DA ÁSIA E DA OCEANIA

A Ásia também foi afetada pelo novo colonialismo europeu. Nesse continente, a nação que mais se destacou na formação de um império colonial foi a Inglaterra, que dominou a Índia, a Birmânia, o Ceilão, o Tibete, o Paquistão. Na Oceania, foram colonizadas a Austrália e a Nova Zelândia.

A GUERRA DO ÓPIO

No começo do século XIX, os ingleses compravam chá chinês e vendiam ópio, cultivado na Índia e na Birmânia. Todavia, o governo chinês, desde 1730, havia proibido a utilização e a venda do ópio e empreendeu intensa repressão ao comércio desse produto, mandando, em 1839, destruir o carregamento inglês de 20 mil caixas ainda no porto de Cantão. Os ingleses reagiram, e foi declarada guerra à China, a **Guerra do Ópio** (1840-1842), que só terminou quando os chineses viram-se obrigados a assinar o Tratado de Nanquim, em 1842. Por esse tratado, os ingleses conseguiram a abertura de alguns portos chineses aos produtos ingleses, entre eles Xangai e Nanquim. Além disso, a ilha de **Hong Kong** passou a ser colônia inglesa.

A GUERRA DOS BOXERS

Enquanto os estrangeiros dominavam o país, os nacionalistas chineses começaram a reagir. Em 1900, a sociedade dos boxers, associação secreta nacionalista, começou a provocar atentados contra os estrangeiros. As nações europeias organizaram uma ação conjunta para reprimi-los. Desse confronto, em 1901, originou-se a **Guerra dos Boxers**, na qual eles foram massacrados e a China teve de reconhecer as concessões já feitas, além de pagar indenização aos inimigos.

8. Quais foram as regiões dominadas pela Inglaterra na Ásia?

9. O que foi a Guerra do Ópio?

10. Como terminou a Guerra do Ópio?

11. O que foi a Guerra dos Boxers?

EFEITOS DO IMPERIALISMO

O avanço capitalista na África e na Ásia prejudicou a economia dos povos desses continentes. Para os colonizadores, as colônias deveriam suprir a metrópole de matérias-primas necessárias à industrialização. No sudoeste asiático, por exemplo, foram criadas fazendas produtoras de borracha para exportação, em antigas zonas de cultivo de arroz.

A colônia devia absorver grande parte do capital excedente da metrópole. Para que os investimentos se tornassem lucrativos, era preciso criar uma infraestrutura de exportação: estradas de ferro, pontes, portos. Portanto, a economia dos países colonizados devia ser reorientada de acordo com as novas necessidades criadas pelos investimentos nas atividades de exportação.

A corrida colonialista gerou um clima de tensão entre as potências capitalistas. Era um clima carregado de rivalidades, que por qualquer motivo poderiam causar um confronto. No começo do século XX, a guerra entre as potências imperialistas e colonialistas era inevitável e acabou se concretizando com a Primeira Guerra, que se tornou mundial.

12. Qual o resultado do imperialismo para a economia dos povos da Ásia e da África?

13. A que levou a corrida colonialista no século XIX?

Revisão

1. As principais regiões objeto do colonialismo do século XIX foram:

a) América Central e América do Sul. ( )
b) América do Norte e Extremo Oriente. ( )
c) Europa e Oriente Médio. ( )
d) África e Ásia. ( )

2. No século XIX, as nações europeias partiram para a conquista de colônias porque:

a) Queriam novos mercados consumidores para os seus produtos industrializados. ( )

b) Precisavam de matéria-prima industrial (ferro, carvão, manganês etc.) e mão de obra suficiente e barata. ( )

c) Havia um aumento populacional na Europa, o que levou os governos a incentivar a emigração. ( )

d) Todas as alternativas anteriores estão corretas. ( )

3. As teorias de superioridade racial nasceram no século XIX porque:

a) Havia necessidade de justificar o colonialismo europeu. ( )

b) As descobertas técnico-científicas comprovavam que o europeu era superior aos demais povos. ( )

c) Era preciso manter a escravidão negra nas Américas. ( )

d) Os nazistas queriam um pretexto para perseguir os judeus. ( )

4. A corrida colonialista no século XIX gerou um clima de tensão entre as _____ e acabou levando à _____.

Anotações

10. A Primeira Guerra Mundial (1914-1918)

Graças à sua indústria, a Inglaterra dominava a maioria dos mercados consumidores mundiais. Mas a indústria da Alemanha, logo após a unificação, desenvolveu-se, e o país passou a procurar mercados consumidores e fontes de matérias-primas.

O governo alemão projetou a construção de uma estrada de ferro ligando a cidade de Berlim a Bagdá, com a finalidade de ter acesso ao petróleo do golfo Pérsico e aos mercados orientais. A Inglaterra opôs-se a esse projeto, porque criaria dificuldades para o comércio com suas colônias. Para deter o avanço da Alemanha, os ingleses procuraram alianças.

Em 1904, a França aliou-se à Inglaterra porque, quando perdeu os territórios da Alsácia-Lorena, sua indústria ficou prejudicada com a falta de minas de ferro e carvão. Os nacionalistas franceses pregavam o revanchismo e a recuperação dos territórios perdidos. Finalmente, a França e a Alemanha disputaram o domínio do Marrocos, país ao norte da África.

Ao mesmo tempo, eclodiu a chamada crise dos Bálcãs. Em 1908, dois Estados eslavos, a Bósnia e a Herzegovina, foram anexados ao Império Austro-Húngaro, contrariando o ideal nacionalista, o pan-eslavismo, a união e a autodeterminação dos povos eslavos.

Os governos dos países capitalistas clamavam pela paz, mas estimulavam a fabricação de armamentos e recrutavam civis para o exército. O militarismo cresceu, e era cada vez mais difícil manter o equilíbrio entre as nações imperialistas. Os focos de tensão e a disputa pela supremacia levaram os países europeus à corrida armamentista.

Para defender seus interesses, as nações europeias buscaram alianças. Surgiram dois blocos: a Inglaterra, a França e a Rússia formaram a **Tríplice Entente**, e a Alemanha, o Império Austro-Húngaro e a Itália, a **Tríplice Aliança**.

No dia 28 de junho de 1914, o arquiduque Francisco Ferdinando, herdeiro do Império Austro-Húngaro, em visita a Sarajevo, capital da Bósnia, foi assassinado. A responsabilidade do assassinato coube a um estudante que fazia parte de uma sociedade secreta da Sérvia, a Mão Negra. Esse foi o estopim para a deflagração da Primeira Guerra Mundial.

A POLÍTICA DAS ALIANÇAS EM 1914

Fonte: ARRUDA, José Jobson de A. Atlas histórico básico. São Paulo: Ática, 2005. p. 27.

1. Por que a Alemanha ameaçava o poder da Inglaterra?

2. O que fez a Inglaterra para deter o avanço da Alemanha?

3. Por que a França tinha interesse em enfraquecer a Alemanha?

4. Quais os blocos em que se dividiram os países europeus?

5. Que fato desencadeou a Primeira Guerra Mundial?

O INÍCIO DA GUERRA

Um mês depois do assassinato do herdeiro do Império Austro-Húngaro em Sarajevo, em 28 de julho, a Áustria declarou guerra à Sérvia. Esta contou com o apoio da Rússia, que mobilizou seus exércitos contra a Áustria e a Alemanha.

A crise dos Bálcãs acabou envolvendo também outras nações europeias, numa autêntica reação em cadeia:

- a Alemanha declarou guerra à Rússia e à França;
- a Inglaterra declarou guerra à Alemanha, no momento em que o exército alemão invadiu a Bélgica, para, em seguida, atacar a França;
- a Itália entrou na guerra ao lado da Entente (ela fazia parte da Tríplice Aliança), porque a Inglaterra prometeu-lhe os

territórios irredentos, que não conseguira conquistar da Áustria no processo de unificação;

- o Japão aderiu aos Aliados, porque estava interessado nas possessões alemãs no Oriente.

Na primeira fase da guerra, a Inglaterra decretou o bloqueio naval à Alemanha e aos seus aliados. Enquanto isso, a França conseguia deter o avanço alemão sobre Paris.

Com o prosseguimento da guerra, a indústria armamentista cresceu, surgindo armas como as metralhadoras, os lança-chamas e os projéteis explosivos. Além disso, novos recursos foram utilizados, como o avião e o submarino.

6. Numere as frases de acordo com a ordem cronológica:

( ) A Rússia mobilizou seus exércitos contra a Áustria e a Alemanha.

( ) O herdeiro do Império Austro-Húngaro foi assassinado em Sarajevo.

( ) A Alemanha declarou guerra à Rússia e à França.

( ) A Itália entrou na guerra ao lado da Entente (ela fazia parte da Tríplice Aliança).

( ) A Inglaterra declarou guerra à Alemanha, no momento em que o exército alemão invadiu a Bélgica, para, em seguida, atacar a França.

( ) O Japão aderiu aos Aliados.

( ) A Áustria declarou guerra à Sérvia.

OS MOMENTOS DECISIVOS DA GUERRA

A partir de 1917, ocorreram alterações significativas:

- a Rússia retirou-se do conflito mundial, por causa da Revolução Socialista que ocorreu no país;
- os Estados Unidos entraram no conflito, ao lado da Entente, porque temiam a perda de seus investimentos na Europa. Usaram como pretexto o afundamento de navios norte-americanos por alemães.

Em 1917, o Brasil declarou guerra à Alemanha, depois do ataque aos seus navios mercantes por submarinos alemães. A participação brasileira foi muito pequena. Limitou-se ao envio de uma missão médica e ao policiamento do Atlântico pela Marinha.

Com a saída da Rússia, a Alemanha e o Império Austro-Húngaro lançaram toda a sua ofensiva contra a França. Contando com ajuda militar dos Aliados, os franceses conseguiram fazer com que as tropas alemãs recuassem. Os Aliados ocuparam, então, a França e

a Bélgica. Era o começo do fim.
Na Alemanha, a crise econômica e o avanço das ideias socialistas provocaram inúmeras manifestações contra o governo. Em 1918, Guilherme II, bastante enfraquecido, abdicou e foi proclamada, a República, em 9 de novembro, denominada como República de Weimar. O novo governo decidiu cessar a guerra e assinou o Armistício de Compiègne, em 11 de novembro. Por ele, os alemães foram obrigados a:

- desocupar o território ocidental europeu;
- entregar o material de guerra pesado;
- libertar os prisioneiros;
- pagar indenizações de guerra.

7. Por que a Primeira Guerra Mundial mudou de rumo em 1917?

8. Qual foi a participação do Brasil na Primeira Guerra Mundial?

9. Com o fim da Primeira Guerra Mundial, a que a Alemanha foi obrigada?

A VOLTA DA PAZ

Na Conferência de Paris, em janeiro de 1919, alguns chefes de Estado reuniram-se para impor pesadas penas aos derrotados. A conferência foi liderada por Lloyd George, representante inglês, Clemenceau, francês, e Woodrow Wilson, presidente dos Estados Unidos. Vários tratados foram assinados. O mais importante foi o **Tratado de Versalhes**, que, entre outros pontos, obrigava a Alemanha a restituir a região da Alsácia-Lorena à França.

O povo alemão considerou injustas, vingativas e humilhantes as condições impostas pelo Tratado de Versalhes, pois o país perdia dois décimos da população ativa, um sexto das terras cultiváveis, dois quintos do carvão, dois terços do ferro e sete décimos do zinco, gerando sérios problemas econômicos.

Durante a Conferência de Paris, o presidente Wilson, dos Estados Unidos, apresentou à opinião pública internacional os Quatorze Pontos, propondo uma paz na qual não houvesse vencidos nem vencedores. Também, por proposta desse presidente, foi criada a Sociedade das Nações ou **Liga das Nações**, com sede em Genebra, na Suíça, com a finalidade de manter a paz mundial. Mais tarde, os Estados Unidos saíram da Liga das Nações, pois o Senado norte-americano não quis ratificar o Tratado de Versalhes.

10. Como o povo alemão reagiu ao Tratado de Versalhes?

11. Quais foram as propostas do presidente Wilson, dos Estados Unidos, na Conferência de Paris?

OS EFEITOS DA PRIMEIRA GRANDE GUERRA

Foram muitos e significativos os efeitos da Primeira Guerra Mundial:

- a Europa perdeu 10 milhões de homens e ficou com 40 milhões de inválidos;
- os campos destruídos afetaram a produção agrícola, os portos e as estradas foram arrasados, o que prejudicou o comércio, e as cidades ficaram arruinadas;
- os Estados Unidos foram elevados a grande potência do mundo ocidental, em razão dos enormes lucros obtidos com a guerra;
- o Império Britânico declinou economicamente;
- o aumento da participação das mulheres no mercado de trabalho durante o período da guerra ocasionou o movimento em prol do voto feminino logo após o término do conflito;

- o desemprego acentuou-se nos países europeus;
- as ideias socialistas propagaram-se, consagradas pela Revolução Russa de 1917;
- houve o avanço e o fortalecimento dos nacionalismos, que se tornaram radicais na Itália, na República de Weimar (Alemanha), na Espanha e em Portugal.

12. NÃO podemos considerar como efeito da Primeira Guerra Mundial:

a) Os campos destruídos afetaram a produção agrícola, os portos e as estradas foram arrasados, o que prejudicou o comércio, e as cidades ficaram arruinadas. ( )

b) A ascensão dos Estados Unidos como grande potência do mundo ocidental. ( )

c) O fortalecimento econômico do Império Britânico. ( )

d) A propagação das ideias socialistas, consagradas pela Revolução Russa de 1917. ( )

e) O avanço e o fortalecimento dos nacionalismos, que se tornaram radicais na Itália, na República de Weimar, na Espanha e em Portugal. ( )

Revisão

1. Coloque **F** para falso e **V** para verdadeiro.

a) Após a unificação, a Alemanha passou a procurar mercados consumidores e fontes de matérias-primas, o que gerou conflitos com outras potências europeias. ( )

b) O governo alemão projetou a construção de uma estrada de ferro ligando a cidade de Berlim a Bagdá, com a finalidade de ter acesso ao petróleo do golfo Pérsico e aos mercados orientais. ( )

c) A Inglaterra apoiou o projeto da estrada de ferro Berlim-Bagdá, porque facilitava o comércio com suas colônias. ( )

d) A França pregava o revanchismo contra a Alemanha e a recuperação dos territórios perdidos. (   )

e) França e Alemanha eram rivais porque disputavam a região do Marrocos, ao norte da África. (   )

2. Podemos considerar causa da Primeira Guerra Mundial:

a) A rivalidade entre a Alemanha e o Império Austro-Húngaro em torno da chamada questão dos Bálcãs. (   )

b) A corrida armamentista das nações europeias, que gerava uma verdadeira "paz armada". (   )

c) O processo de industrialização na Alemanha, que levou à necessidade de mercados consumidores e produtores de matérias-primas. (   )

d) Todas as alternativas anteriores estão corretas. (   )

3. Na Primeira Guerra Mundial, o bloco formado por Inglaterra, França e Rússia chamou-se:

a) Tríplice Entente. (   )

b) Tríplice Aliança. (   )

c) Bloco Ocidental. (   )

d) Aliança Antigermânica. (   )

4. O fato que serviu de estopim da Primeira Guerra Mundial foi o _____ do arquiduque _____, herdeiro do Império _____, em visita a _____, capital da _____, no dia 28 de junho de 1914.

5. O ano de 1917 é considerado decisivo para a Primeira Guerra Mundial porque:

a) A Rússia entrou no conflito mundial. (   )

b) Os Estados Unidos se retiraram do conflito. (   )

c) O Brasil declarou guerra à Alemanha. (   )

d) A Rússia se retirou e os Estados Unidos entraram no conflito. (   )

6. O que propunham os Quatorze Pontos do presidente Wilson?

7. O que foi a Sociedade das Nações ou Liga das Nações?

8. Cite três consequências da Primeira Grande Guerra.

a)

b)

c)

Anotações

11. A Revolução Russa de 1917

Em 1917, o povo russo, liderado pelo Partido Bolchevista, derrubou o governo autocrático de Nicolau II. Esse partido assumiu o poder, instalando no país o regime socialista.

O czar Nicolau II exercia o poder de forma absolutista, com uma aristocracia ociosa e corrupta, indiferente aos problemas do povo. A população da Rússia era de aproximadamente 175 milhões de habitantes. Os camponeses representavam 85% dessa população e viviam miseravelmente. O preço das terras era muito elevado e os camponeses não tinham condições de adquiri-las ou cultivá-las. Ocorriam constantes revoltas no campo.

Nas cidades, os operários enfrentavam condições bastante precárias, com jornadas de trabalho de até 14 horas, salários baixos e sem nenhuma legislação trabalhista.

O descontentamento fez o povo aderir as ideias socialistas divulgadas por estudantes e intelectuais das universidades. Eles organizaram os operários para lutar por seus direitos.

Antecedentes da Revolução Russa

Num congresso realizado pelo Partido Operário Social Democrata, em 1903, surgiram dois grupos: os **bolcheviques** e os **mencheviques**. Os bolcheviques (que significa "maioria") defendiam a tomada do poder pelo proletariado, o qual, aliado aos camponeses, instalaria um governo socialista. Os mencheviques (que significa "minoria") defendiam que, antes de chegar ao socialismo, o país deveria passar por uma fase capitalista, na qual o governo seria exercido pela burguesia. Em 1904, a Rússia entrou em guerra com o Japão pela disputa de territórios na Manchúria e na Coreia, na qual o exército russo foi derrotado.

Desfile da Guarda Vermelha em Moscou, na época da Revolução Russa de 1917.

1. O que foi a Revolução Russa de 1917?

2. Como era a situação da Rússia antes da Revolução de 1917?

5. O que defendiam os mencheviques?

3. Num congresso realizado na Rússia pelo Partido Operário Social Democrata, em 1903, surgiram dois grupos: os _____ e os _____.

4. O que defendiam os bolcheviques?

A situação financeira da Rússia agravou-se, e as críticas à administração do governo aumentaram. Em janeiro de 1905, o povo realizou uma grande concentração diante do Palácio de Inverno para reivindicar uma constituição, eleições, redução da jornada de trabalho e aumento dos salários. As tropas do governo reagiram com violência, e muitas pessoas foram mortas. Esse acontecimento ficou conhecido como **Domingo Sangrento**.

Protestos, greves e levantes militares explodiram em várias regiões, e o czar, pressionado, prometeu uma constituição e criou a **Duma**, assembleia eleita por voto censitário. As promessas do czar não acalmaram os bolcheviques, levando-os a criar os **sovietes**, assembleias de operários, soldados e camponeses, em várias regiões do país, e a ativar o movimento revolucionário. O czar não conseguiu conviver com a Duma e voltou à sua posição autoritária. Dissolveu também os sovietes, e seus líderes foram presos e deportados. A crise interna agravou-se com a entrada da Rússia na Primeira Guerra Mundial, contra a Alemanha e o Império Austro-Húngaro, levando ao movimento revolucionário.

Com a guerra mundial, todos os recursos do governo russo passaram a ser usados na indústria de armamentos. Por causa da convocação de trabalhadores para compor o exército, a produção agrícola declinou. Mal preparado, o exército russo sofreu inúmeras derrotas nas fronteiras. A destruição de plantações fez o preço dos produtos subir, e a fome atingiu duramente o povo. A fuga de soldados dos campos de batalha foi incentivada pelos bolcheviques. Do exterior, os líderes Lenin e Trotski continuaram orientando os revolucionários. As greves, os levantes nas Forças Armadas, a luta dos camponeses pela terra e a invasão do Palácio de Inverno pelos revolucionários fizeram com que o czar abdicasse.

7. O que eram os sovietes?

8. Qual o fato que aumentou a crise interna da Rússia e fez crescer o movimento revolucionário?

9. Quais os fatores que levaram o czar Nicolau II, da Rússia, a abdicar em 1917?

6. O que foi o Domingo Sangrento?

O PODER NAS MÃOS DOS MENCHEVIQUES
Formou-se na Rússia um governo liberal burguês liderado pelo menchevique Kerenski. Pressionado pelos sovietes, o governo anistiou os presos e exilados políticos. Lenin e Trotski, bolcheviques, retornaram ao país, assumindo a direção dos sovietes. Iniciaram uma campanha, sintetizada no *slogan* "Pão, terra e paz", que significava:
- entrega da direção das fábricas aos operários;
- distribuição de terras aos camponeses;

- retirada da Rússia da guerra.

Trotski organizou a Guarda Vermelha, milícia revolucionária. Entretanto, o governo mantinha a Rússia na guerra, alegando que a indenização exigida pelos alemães para a sua saída era muito alta. Com isso, os bolcheviques fortaleceram-se e ganharam adeptos nos sovietes.

10. Depois da abdicação de Nicolau II na Rússia, formou-se um governo _____, liderado pelo menchevique _____.

11. Quais eram os pontos básicos da campanha dos bolcheviques em 1917? Qual o *slogan* que sintetizava esses pontos?

negociou a paz com os inimigos e, pelo Tratado de Brest Litovski, a Rússia saiu da guerra, com grande perda territorial

A burguesia russa levantou-se contra o novo regime. Foi apoiada pelas nações capitalistas europeias, interessadas em impedir a implantação do socialismo.

A guerra civil dos brancos (opositores) contra os vermelhos (comunistas) tomou conta do país. O governo viu-se obrigado a destinar todos os recursos para a defesa das fronteiras, confiscando a produção rural. Esse período foi chamado de Comunismo de Guerra.

Em 1921, derrotados os brancos e afastada a ameaça externa, o país estava arruinado. Lenin decidiu recuar no processo de socialização e adotou uma nova política.

12. Quais foram as primeiras medidas do Partido Bolchevique quando tomou o poder na Rússia?

OS BOLCHEVIQUES TOMAM O PODER

Em outubro de 1917, formou-se o Partido Bolchevique (comunista), que tomou o poder e instalou um governo socialista presidido por Lenin. As grandes propriedades foram abolidas, as fábricas foram nacionalizadas e os operários assumiram a sua direção. Lenin

13. Como a burguesia russa reagiu quando o Partido Bolchevique tomou o poder?

A NOVA POLÍTICA DE LENIN

Lenin definiu a nova política, a **NEP** (Nova Política Econômica), com a frase: "Um passo atrás para dar dois à frente". Tratava-se de um recuo necessário no processo de socialização. Liberou a venda do excedente das colheitas e o funcionamento de pequenas manufaturas. Concentrou os recursos na produção de energia, matérias-primas e na importação de máquinas para a indústria e organizou cooperativas de comerciantes e agricultores. A produção cresceu.

Em 1922, Lenin fez acordo com as várias regiões que formavam o império russo, criando a **União das Repúblicas Socialistas Soviéticas** (URSS).

Com a morte de Lenin, em 1924, o poder foi disputado por Trotski e Stalin, que tinham posições divergentes. Trotski defendia a revolução permanente, isto é, achava que a Rússia deveria ajudar na implantação do socialismo em outros países, e Stalin era favorável à estabilização do regime para depois expandi-lo. Vitorioso, Stalin expulsou Trotski do Partido Bolchevique e autorizou sua deportação. Trotski viveu no México, onde foi assassinado, em 1940, por um agente da polícia política de Stalin.

Em 1927, Stalin aboliu a NEP e, por meio de planos econômicos, os **Planos Quinquenais**, continuou o processo de socialização. A Rússia cresceu rapidamente com o desenvolvimento da indústria pesada, a redução do analfabetismo e o progresso técnico e científico.

Stalin perseguiu violentamente seus opositores e realizou os "expurgos", expulsando do Partido Comunista seus adversários, além de prender todos os que reagiram ao seu autoritarismo.

14. O que foi a NEP?

15. O que ocorreu na Rússia após a morte de Lenin?

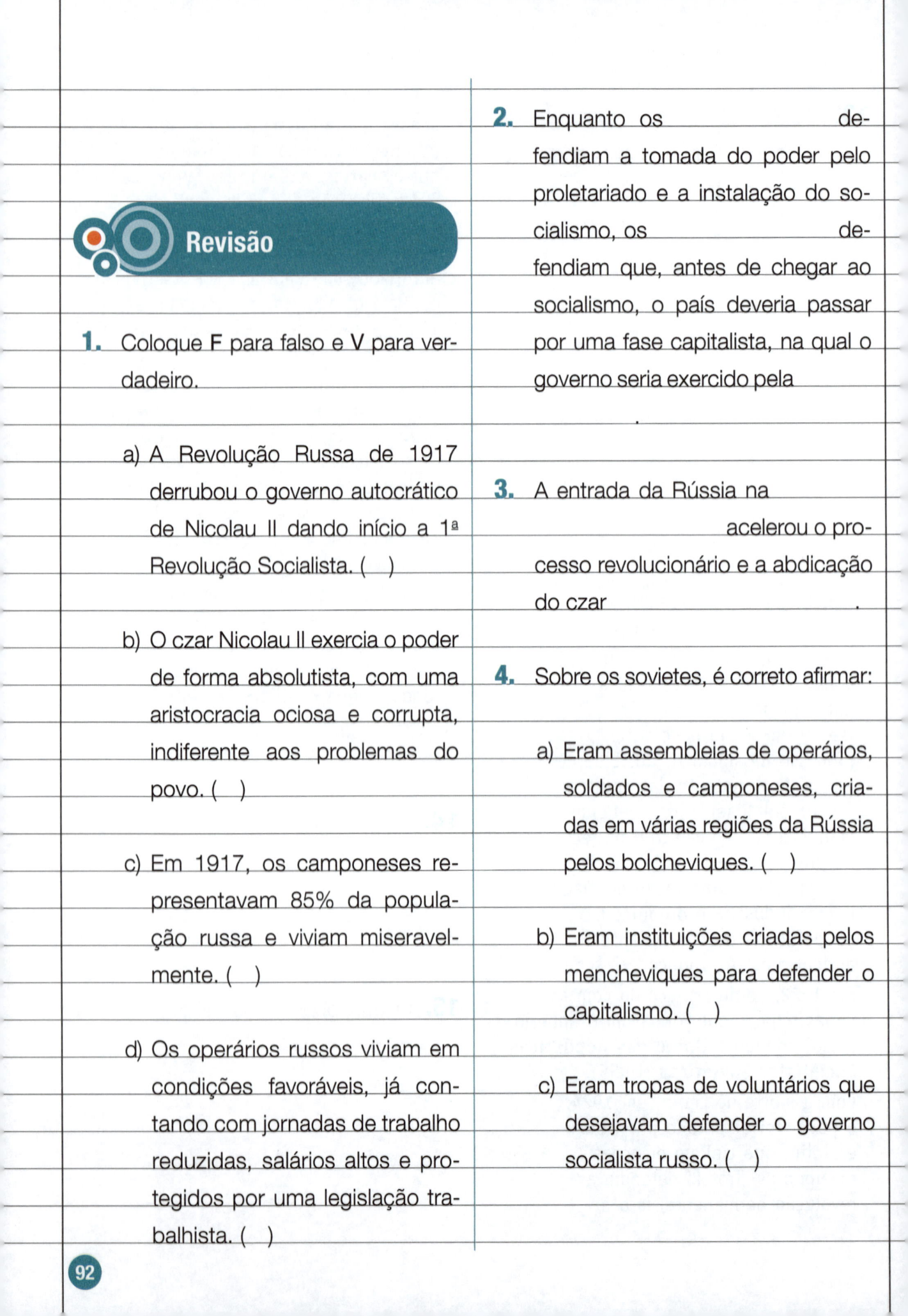

Revisão

1. Coloque F para falso e V para verdadeiro.

   a) A Revolução Russa de 1917 derrubou o governo autocrático de Nicolau II dando início a 1ª Revolução Socialista. (   )

   b) O czar Nicolau II exerce o poder de forma absolutista, com uma aristocracia ociosa e corrupta, indiferente aos problemas do povo. (   )

   c) Em 1917, os camponeses representavam 85% da população russa e viviam miseravelmente. (   )

   d) Os operários russos viviam em condições favoráveis, já contando com jornadas de trabalho reduzidas, salários altos e protegidos por uma legislação trabalhista. (   )

2. Enquanto os _____ defendiam a tomada do poder pelo proletariado e a instalação do socialismo, os _____ defendiam que, antes de chegar ao socialismo, o país deveria passar por uma fase capitalista, na qual o governo seria exercido pela _____.

3. A entrada da Rússia na _____ acelerou o processo revolucionário e a abdicação do czar _____.

4. Sobre os sovietes, é correto afirmar:

   a) Eram assembleias de operários, soldados e camponeses, criadas em várias regiões da Rússia pelos bolcheviques. (   )

   b) Eram instituições criadas pelos mencheviques para defender o capitalismo. (   )

   c) Eram tropas de voluntários que desejavam defender o governo socialista russo. (   )

d) Eram guardas pessoais de Stalin, depois que se formou a União Soviética. ( )

5. Os bolcheviques reivindicavam:

a) "Terra, trabalho e liberdade." ( )

b) "Pão, terra e paz." ( )

c) "Guerra, trabalho e colônias." ( )

d) "Diretas Já, trabalho e liberdade." ( )

6. Coloque **F** para falso e **V** para verdadeiro.

a) Uma das primeiras medidas do governo bolchevique na Rússia foi a saída desse país da Primeira Guerra Mundial. ( )

b) A burguesia russa apoiou inteiramente o governo liderado por Lenin. ( )

c) Quando o socialismo foi implantado na Rússia, começou uma guerra civil entre "brancos" e "vermelhos". ( )

d) A fase de Comunismo de Guerra na Rússia foi instaurada em decorrência da guerra civil. ( )

e) A NEP, Nova Política Econômica, foi um recuo no processo de socialização da Rússia. ( )

f) Com a morte de Lenin, em 1924, Trotski passou a governar a Rússia. ( )

Anotações

12. O período entreguerras

O entreguerras, período compreendido entre o término da Primeira Guerra Mundial (1918) e o início da Segunda Guerra Mundial (1939), foi marcado por crises econômicas, políticas e sociais em vários países.

Quando o primeiro conflito mundial terminou, os Estados Unidos eram uma nação poderosa, a mais rica do mundo.

No entanto, em 1929, os norte-americanos vivenciaram uma grande dificuldade, com a queda da Bolsa de Valores de Nova York, que gerou, por sua vez, uma gravíssima crise interna, provocando alto índice de desemprego e acabando por afetar vários países do mundo.

Ao terminar a Primeira Guerra Mundial, os europeus esperavam que a paz estivesse assegurada. Entretanto, o entreguerras foi um período muito conturbado, com a ocorrência de vários conflitos e a radicalização política, surgindo regimes totalitários, como o **fascismo** na Itália e o **nazismo** na Alemanha.

A tensão entre as nações cresceu, ocasionou a Segunda Guerra Mundial, apenas 20 anos depois de estabelecido o Tratado de Versalhes.

1. Ao terminar a Primeira Guerra Mundial, qual a nação que se tornou a mais rica do mundo?

2. O ano de 1929 foi marcado por uma grande dificuldade mundial. Onde e como começou essa crise?

3. Quais os regimes totalitários que surgiram na Europa no período entreguerras?

A QUEDA DA BOLSA DE VALORES DE NOVA YORK EM 1929

Na década de 1920, os países europeus estavam se recuperando e começaram novamente a produzir. Nos Estados Unidos, a concorrência europeia fez cair os preços de vários produtos. Ao lado disso, houve também uma redução do consumo interno, pois muitas pessoas já haviam adquirido todos os bens materiais que desejavam.

Os grandes produtores agrícolas e os industriais, porém, não viram com clareza a crise que se aproximava e continuaram produzindo cada vez mais.

Os excedentes eram estocados, mas a superprodução fazia cair o preço dos produtos.

Ao mesmo tempo, os norte-americanos, levados pela aparente prosperidade econômica, especulavam na Bolsa de Valores de Nova York, comprando ações das mais variadas empresas. Muitos faziam empréstimos bancários, que pretendiam saldar depois de venderem essas ações.

A superprodução provocada pelo subconsumo, a queda geral dos preços e a especulação geraram uma crise sem precedentes: a queda da Bolsa de Valores.

Em setembro de 1929, o valor das ações começou a oscilar; de repente subia, e logo em seguida caía. No mês seguinte, só houve queda, e os investidores queriam livrar-se das ações vendendo-as rapidamente. No dia 24 de outubro, conhecido como a **"Quinta-Feira Negra"**, houve pânico na Bolsa. Cerca de 13 milhões de ações foram negociadas a qualquer preço, em um único pregão. De uma hora para outra, milhares de investidores viram-se na miséria.

A crise desenvolveu-se numa reação em cadeia. O *crash* financeiro acentuou a crise industrial, desaparecendo qualquer possibilidade de recuperação. Foi necessário reduzir a produção, o que provocou desemprego e diminuição dos salários dos que continuavam trabalhando. Por volta de 1933, mais de 14 milhões de norte-americanos estavam desempregados.

Na foto, fila de desempregados em busca de alimento.

4. Como começou a crise econômica nos Estados Unidos na década de 1920?

5. O que levou à queda da Bolsa de Valores de Nova York?

6. O que foi a "Quinta-Feira Negra"?

> de 1930, o número de pessoas desempregadas no mundo estava em torno de 40 milhões.
>
> O Brasil também foi afetado pela Crise de 1929. O café, o principal produto de exportação, tinha nos Estados Unidos o seu maior comprador. Com a crise, os norte-americanos reduziram as compras, e os estoques de café aumentaram, provocando a queda do preço.

7. Quais os efeitos internos da queda da Bolsa de Valores de Nova York em 1929?

8. Como a Crise de 1929 atingiu a Europa?

9. Quais os efeitos da Crise de 1929 no Brasil?

> **A CRISE DE 1929 EM OUTROS PAÍSES**
>
> A Crise de 1929 acabou afetando vários países do mundo. Na Europa, muitas nações dependiam do crédito norte-americano e, quando este foi suspenso, sofreram forte abalo. Houve o fechamento de bancos, falências, desvalorização da moeda e desemprego. No início da década

A REAÇÃO INTERNA: O *NEW DEAL*

Em 1933, quando Franklin Roosevelt assumiu a presidência dos Estados Unidos, ele elaborou um plano econômico, conhecido como *New Deal* (Novo Acordo), visando recuperar o país da depressão.

A política do *New Deal* foi violentamente combatida pelos conservadores, que temiam o aumento do poder do Estado e o fortalecimento dos sindicatos. Mas a reeleição de Roosevelt tornou possível a continuação da política de recuperação.

O sindicalismo foi reforçado por uma lei, permitindo aos operários a liberdade de organização e de decisões coletivas. Foi estabelecida uma Lei de Segurança Social, que criava o seguro contra o desemprego, as pensões por velhice e o auxílio às mães e às crianças pobres. Houve a abolição do trabalho infantil, estabeleceu-se um salário mínimo e regulamentou-se o número semanal de horas de trabalho. Essa política permitiu uma lenta, porém crescente, recuperação dos Estados Unidos.

O FASCISMO NA ITÁLIA E NA ALEMANHA

A palavra **fascismo** vem do termo latino *fascio*, feixe de varas, significando que a união fortalece o grupo. Fascismo é uma ideologia que se caracteriza por:

- **totalitarismo** – nada deve vir acima do Estado, que tem controle absoluto sobre tudo;
- **nacionalismo** – exaltação dos valores nacionais. Para os fascistas, a nação seria a mais perfeita forma de sociedade que a humanidade conseguiria construir;
- **militarismo** – as nações têm de fortalecer seus exércitos para a defesa e executar uma política expansionista;
- **corporativismo** – existência de um único partido que organiza a sociedade;
- **antiliberalismo** – ausência de liberdade sindical, econômica e de imprensa;
- **propaganda controlada pelo Estado** – com a finalidade de fortalecer o sentimento de patriotismo, culto ao chefe e disciplina.

10. O que foi a política do *New Deal*?

11. Qual a origem da palavra fascismo?

12. Quais as características básicas do fascismo?

O fascismo na Itália

Após o término da Primeira Guerra Mundial, a Itália era governada por uma monarquia parlamentar, dirigida pelo rei Vítor Emanuel III. Atravessava uma grave crise econômica, desemprego, miséria e inflação. As agitações eram constantes.

Benito Mussolini, ex-combatente da Primeira Guerra Mundial, ex-redator do jornal *Avanti* e ex-socialista, organizou em 1919 os *"fascios* de combate", também conhecidos como "camisas--negras", que eram grupos de choque, para pôr fim às manifestações sociais. Nesse mesmo ano, os fascistas foram derrotados nas eleições parlamentares.

Em 1921, foi fundado o Partido Nacional Fascista, mas, nas eleições do ano seguinte, os fascistas foram novamente derrotados. Mussolini organizou, então, a **Marcha sobre Roma** (outubro de 1922), na qual milhares de seus partidários foram para a capital.

O rei Vítor Emanuel III foi obrigado a nomear Mussolini para o cargo de primeiro-ministro. Os *fascios* foram convertidos numa milícia para a segurança do Estado.

Nas eleições de 1924, os fascistas ficaram com a maioria no Parlamento. A oposição denunciou fraude eleitoral, mas sofreu violenta repressão, e seu líder, Matteotti, foi raptado e assassinado pelos camisas-negras. Mussolini assumiu o poder como *Duce*, "condutor", concretizando o Estado fascista. A imprensa oposicionista foi fechada e, por meio da Ovra (polícia política fascista), houve perseguições aos socialistas e comunistas.

Marcha sobre Roma (28 de outubro de 1922). Na foto, Mussolini caminha junto a membros do Partido Fascista.

13. Quem eram os "camisas-negras" na Itália?

14. O que foi a Marcha sobre Roma?

15. Como Mussolini enfrentou a crise mundial de 1929?

16. Com quais países a Itália de Mussolini estabeleceu alianças?

Uma das características da ideologia fascista é a exaltação do chefe e, segundo ela, um grande povo necessita de um grande homem como guia e a ele deve total obediência. Na Itália, em muitos lugares, principalmente nas salas de aula, figurava a seguinte frase: "Mussolini não erra nunca".

Em 1929, solucionando a Questão Romana, ao assinar o Tratado de Latrão, que reconheceu o **Estado do Vaticano**, Mussolini passou a contar com o apoio do clero. O catolicismo foi transformado em religião oficial do Estado fascista italiano.

Com o apoio das classes dominantes, Mussolini procurou desenvolver a economia da Itália. Mas a crise mundial de 1929 também atingiu os italianos. Para tentar superá-la, Mussolini aumentou a produção de armamentos e voltou-se para a expansão colonialista, procurando conquistar novos mercados. Em 1936, a Itália invadiu a Abissínia (atual Etiópia), no norte da África. A Sociedade das Nações, apesar de inúmeros protestos, acabou por aceitar o fato. Mussolini aliou-se à Alemanha e ao Japão em diversas questões internacionais.

A ALEMANHA NAZISTA

Ao terminar a Primeira Guerra Mundial, a Alemanha vivia uma situação muito difícil. Havia desemprego, inflação, violência e um profundo descontentamento com as disposições do Tratado de Versalhes.

Uma nova constituição estabeleceu uma República parlamentarista, conhecida como **República de Weimar**, nome da cidade onde foi elaborada a constituição. O *Reichstag* (Parlamento) seria formado por deputados eleitos por voto universal.

Em 1919, na cidade de Munique, foi fundado o **Partido Nacional-Socialista dos Trabalhadores Alemães**, ou Partido Nazista. Adolf Hitler, ex-combatente da Primeira

Guerra Mundial, assumiu a sua direção. Esse partido ganhou grande número de adeptos. Seus membros eram identificados por um símbolo, a suástica (cruz gamada), que, mais tarde, foi usada como emblema do Terceiro Reich. Os nazistas criaram as tropas de assalto, os "camisas-pardas", que perseguiam seus opositores.

Em novembro de 1923, os nazistas tentaram um golpe para tomar o poder. O governo dominou o movimento, conhecido como *Putsch* de Munique. Hitler foi preso e na prisão escreveu *Mein Kampf* ("Minha luta"), obra na qual expôs os fundamentos do nazismo: nacionalismo extremado, totalitarismo, anticomunismo, antissemitismo e o princípio do espaço vital, ou seja, a conquista de territórios necessários ao desenvolvimento da Alemanha.

Nas eleições de 1925, o general Hindenburg, conservador, foi eleito presidente. Contudo, a crise mundial de 1929 atingiu a Alemanha de forma desastrosa: as exportações caíram, diminuiu a produção industrial e o número de desempregados chegou a 7 milhões. Essa situação favoreceu a ascensão do Partido Nazista.

17. Qual era a situação da Alemanha após a Primeira Guerra Mundial?

18. Como ficou o governo da Alemanha após a Primeira Guerra Mundial?

19. Hitler escreveu o livro _____ (que significa _____), no qual expôs os fundamentos do nazismo.

Apoiados pelos grandes industriais e banqueiros, os nazistas conseguiram expressiva vitória nas eleições de 1930. Três anos depois, o presidente Hindenburg nomeou Hitler chanceler. O nazismo alcançava, assim, o poder. Hitler fechou o Partido Comunista, perseguiu e prendeu comunistas, socialistas e liberais. Organizou a SS (Seção de Segurança) e a polícia política secreta do Estado, a Gestapo. Houve o restabelecimento da pena de morte, o fechamento dos partidos políticos e dos sindicatos, a censura à imprensa, a suspensão das garantias individuais e civis e a perseguição aos judeus: muitos deles foram enviados para campos de concentração.

Em 1934, com a morte do presidente Hindenburg, Hitler assumiu a presidência, adotou o título de Führer, "guia", e anunciou a fundação do Terceiro Reich (Terceiro Império Alemão). Por meio de uma bem organizada propaganda, liderada por Joseph Goebbels, a sociedade alemã e, principalmente, a juventude, sofriam forte doutrinação.

O Estado nazista intervinha em todos os setores da economia. A indústria alemã cresceu, principalmente na produção de armamentos. Para ocupar os trabalhadores desempregados, foram feitas grandes obras públicas, como a construção de aeroportos, ferrovias e rodovias.

Com o desenvolvimento industrial, houve a necessidade de conquista de novos mercados consumidores e fontes de matérias-primas, levando ao expansionismo alemão. Em 1938, Hitler invadiu a Áustria e a região dos Sudetos, na Tchecoslováquia (atual República Tcheca) e, no ano seguinte, a Polônia. Iniciava-se a Segunda Guerra Mundial.

20. Como Hitler governou?

21. Como Hitler chegou ao poder na Alemanha?

O presidente Hindenburg (à direita) cumprimenta Hitler, nomeado chanceler, em foto de 1934.

22. O que levou ao expansionismo alemão?

23. Em 1938, Hitler invadiu a _____ e a região dos _____, na antiga _____ e, no ano seguinte, a _____. Iniciava-se a _____.

Revisão

1. O período entreguerras foi marcado principalmente pela:

a) Quebra da Bolsa de Valores de Nova York. ( )

b) Crise econômica mundial, chamada Grande Depressão. ( )

c) Ascensão de regimes totalitários, como o fascismo e o nazismo. ( )

d) Todas as alternativas anteriores estão corretas. ( )

2. A "Quinta-Feira Negra" relaciona-se:

a) Ao dia em que Hitler invadiu a Polônia. ( )

b) Ao dia em que Mussolini e seus camisas-negras invadiram Roma. ( )

c) Ao dia em que houve pânico na Bolsa de Nova York, levando-a a um *crash* (quebra). ( )

d) Ao luto mundial pela morte do presidente alemão Hindenburg. ( )

3. O presidente Franklin Roosevelt, dos Estados Unidos, elaborou um plano econômico para recuperar o país da depressão. Esse plano ficou conhecido como:

a) Plano Quinquenal. ( )

b) Nova Política Econômica. ( )

c) New Deal. ( )

d) Plano de Valorização da Agricultura. ( )

4. A ascensão de Mussolini na Itália está ligada ao episódio chamado:

a) Golpe Parlamentar. ( )

b) Quinta-Feira Negra. ( )

c) Marcha sobre Roma. ( )

d) Questão Romana. ( )

5. Pelo Tratado de Latrão, assinado entre Mussolini e a Igreja Católica:

a) Iniciou-se a chamada Questão Romana. ( )

b) A religião católica deixou de ser oficial na Itália. ( )

c) A Igreja Católica apoiou a invasão da Abissínia. ( )

d) Foi oficialmente reconhecido o Estado do Vaticano. ( )

6. Como se chamava o Partido Nazista na Alemanha? Qual era o seu símbolo?

7. O desenvolvimento industrial e a necessidade de conquista de novos mercados consumidores e fontes de matérias-primas levaram a _____ ao _____.

8. A Segunda Guerra Mundial iniciou-se quando _____ invadiu a _____, em _____.

Anotações